Johanna Klöpper

Leben ist das neue Sterben

Der Tod, der Herr Jesus, die Liebe und ich

JOHANNA KLÖPPER

LEBEN ist das neue Sterben

💀 ✝ ♥ I

Der Tod, der Herr Jesus,
die Liebe und ich

SCM

SCM

Stiftung Christliche Medien

Der SCM Verlag ist eine Gesellschaft der Stiftung Christliche Medien, einer gemeinnützigen Stiftung, die sich für die Förderung und Verbreitung christlicher Bücher, Zeitschriften, Filme und Musik einsetzt.

MIX
Papier aus verantwortungsvollen Quellen
FSC® C083411
FSC www.fsc.org

SCM-Verlag GmbH & Co. KG · Max-Eyth-Straße 41 · 71088 Holzgerlingen
Internet: www.scmedien.de · E-Mail: info@scm-verlag.de

Umschlaggestaltung und Illustrationen:
Kathrin Spiegelberg, Weil im Schönbuch
Satz: typoscript GmbH, Walddorfhäslach
Druck und Bindung: CPI books GmbH, Leck
Gedruckt in Deutschland
ISBN 978-3-7751-5667-7
Bestell-Nr. 395.667

»Live life.
Live life like you're gonna die.
Because you're gonna.
I hate to be the bearer of bad news – but you're gonna die.«

William Shatner in seinem Lied »You'll have time«

Inhalt

Vorwort

Willkommen in diesem wunderbar-ehrlichen, zärtlichen, offenherzigen, poetischen, kleinen, großen Buch von Johanna Klöpper. Als sie mich um dieses Vorwort bat, zögerte ich nicht lange. Nicht nur, weil ich – wie wohl die Autorin selbst – dazu neige, mich Themen, die als zumindest schwierig gelten, mit gewisser Unerschrockenheit zu nähern, sondern auch, weil es mir ja eigentlich schon lebenslang mit einer gewissen, womöglich pathologisch-leichtfüßigen Freude gelingt, meine Schuhe in den Fettnäpfen dieser Welt zu parken. Kurzum: Trotz oder besser noch gerade wegen der Schwere des Themas wage ich diese Zeilen gern. Und hoffe, dass sie Ihnen, hochverehrte Lesende, hier einen guten, dabei möglichst sanften Einstieg ins Thema ermöglichen mögen.

Über das Sterben zu sprechen, zu schreiben, ist weiterhin eines der großen Tabus. Wir alle mögen uns dem vermeintlich Ultimativ-Schmerzhaften nicht freiwillig nähern. Und es ist schwer, den Tod auch nur zu denken – geschweige denn, diese möglichen Gedanken an ihn in unser Herz einzuladen, sie willkommen zu heißen, sie gar zu umarmen und zu liebkosen – als Vorboten eines großen geheimnisvollen, himmlischen Etwas, das ja nicht nur irgendwie, sondern gar umfassend mit unserem Leben zu tun hat. Doch dann andererseits: Warum sollten wir den Mut eigentlich nicht aufbringen? Was hält uns davon ab, die Schönheit des Sonnenaufgangs ebenso wie den Zauber des Sonnenuntergangs zu begrüßen, den Tag als heimlichen Liebhaber der Nacht zu denken, die Freude als Schwester des Leidens, die Triumphe als Brüder der Tragik? Ich persönlich glaube, dass uns diese Offenherzigkeit – wie eigentlich immer – nur bereichern kann. Doch vielleicht kann ausgerechnet ich diese Sätze nur wagen, weil ich vor einigen Jahren die Schwelle zum Sterben bereits betreten durfte. Ich stand an jenem für mich schicksalhaften Tag ausreichend lange im Türrahmen zwischen Leben und Tod und befand mich dabei gar in einem inneren Zustand, der mich beide möglichen Wege begrüßen ließ – den Richtung Tod womöglich sogar einen Hauch mehr als den Richtung Leben. Natürlich, ja, das ist sehr persönlich und etwas kryptisch – und wird es aufgrund der Kürze dieser Zeilen auch bleiben. Ich werde mich hier auch gewiss nicht als Fachmann aufspielen. Es ist wie Johanna es später schreiben wird: »Ein Sterbeexperte ist man wohl erst dann, wenn man gestorben ist, aber dann ist das mit dem Bücherschreiben ja so eine Sache.« Jedoch: Ich spürte den Tod. Es war verheißungsvoll. Und ich lebe. Und glaube seither aus tiefstem Herzen: Es ist eins. Und es ist: Geschenk. Beides. Eins.

Der Tod wird uns aber auf dieser Seite des Lebens weiter erschrecken, wahrscheinlich bis zu dem Tag, an dem er uns dann ereilt. Weil wir eben nur glauben, aber nichts über ihn wissen können. Sein Geheimnis zu entschlüsseln, ist seit jeher die Triebfeder jeder Philosophie, jeder Religion, jeder menschlichen Sinnsuche. So bleibt das Thema für alle menschliche Zeit zu groß für jedes noch so dicke Buch und für jede noch so dicke Lebenserfahrung. Es gibt irgendwo da draußen diese wunderschöne Geschichte von zwei ungeborenen Zwillingen, die sich im Mutterleib über das »Leben nach der Geburt« unterhalten (ich bitte um Verzeihung dafür, dass ich nicht weiß, wer sich das ausgedacht hat); da gibt es den kleinen Zweifler, der sicher zu sein glaubt, dass »wenn es so weit ist, bestimmt alles vorbei« sein wird –, und den anderen, der fest daran glaubt, dass sie beide auf ein wundervolles, neues Leben zuwachsen, in dem eine liebende, sorgende Mutter und eine wärmende Sonne warten.

Vielleicht ist dieser Unterschied in der subjektiven Betrachtungsweise der wichtigste Hinweis, den wir bekommen und im besten Fall im eigenen Herzen annehmen dürfen. Es mag mangels Beweisen sogar mutig sein, es so zu betrachten, aber in meiner Seele ist, gleich dem optimistischeren Ungeborenen, der Glaube gewachsen, dass diese Sonne, diese Mutter samt liebendem Vater, wenngleich zu Lebzeiten eben nur als Metapher oder Ahnung, uns alle dereinst erwarten werden. Und dass es tatsächlich einen Schlüssel gibt, unser aller Unwissenheit bis dahin zu begegnen: die Liebe. Sie im hoffnungsvollen Zuwachsen auf das große Geheimnis als das einzig wichtige Gepäckstück und die einzig schillernde Lebensblume zu betrachten. Sie zu suchen, sie zu feiern, sich in ihr finden zu lassen. Ganz besonders dann, wenn das Leben uns wehtut. Mag es auch nicht das Klügste sein, was es abschließend zu sagen gibt, aber wenn ich natürlich auch nicht mit letzter Gewissheit behaupten kann, dass es ein Leben nach dem Tod geben wird, so bin ich doch sicher, dass es nur im Zugehen auf die Liebe überhaupt ein sinnvolles Leben vor dem Tod geben kann.

Vielleicht sollten wir uns einfach damit begnügen und im Frieden dieser beinahe unverschämten Leichtgläubigkeit zu ruhen beginnen. Und dann vielleicht noch als weiteres Indiz mit auf die Reise nehmen, dass wir ja alle definitiv zu Lebzeiten nicht »ankommen«.

Unsere Sehnsucht nach Geborgenheit ist Teil des Weges. Bleiben wir dabei doch einfach so dynamisch wie das Universum, wie alles in der großen Schöpfungsordnung. Bleiben wir in Bewegung. Denn wie schrieb schon Goethe mal so treffend: »Das Schöne am Reisen ist nicht das Ankommen, sondern das Reisen.« Und lassen wir uns überdies mit einer gewissen Heiterkeit, die ja glücklicherweise auch in diesem wundervollen Buch von Johanna immer wieder auftaucht, gemeinsam mit dem großartigen Liederschreiber Hank Williams lächelnd auf die Erkenntnis ein: »No matter how you struggle and strive – you'll never get out of this world alive.«

Jens Böttcher
Schriftsteller, Musiker und Überlebenskünstler.
Alles über seine Werke und vielfältigen Aktivitäten findet sich recht leicht im Internet.

Intro

Meine Damen und Herren, liebe Sterbende

Ja, ich meine uns alle.

Ich werde sterben, ihr werdet sterben – wir kommen nicht drum herum.

Bis es so weit ist, haben wir Zeit, um nach dem Glück, dem Sinn des Lebens oder nach Gott zu suchen. Wie erfolgreich diese Vorhaben in der Regel sind, ist diskutabel.

Wir halten uns als Menschheit für schlau – aber den Tod konnten wir bisher weder unterwerfen noch zähmen. Ich frage mich, ob wir wenigstens eine Chance haben, einen halbwegs vernünftigen Umgang mit ihm zu finden. Denn seine Bekanntschaft, das ist mal sicher, werden wir früher oder später ausnahmslos alle machen.

Es ist der Herbst des Jahres 2014 und ich hege einen Verdacht. Ich hege zunehmend den begründeten Verdacht, dass ich nicht für immer Mitte 30 und voll im Saft sein werde. Die Generationen lösen einander ab, Kinder werden groß, Große werden alt, Alte gehen irgendwann. Auch Schicksalsüberraschungen, die leider meistens böse sind, machen mich immer wieder nachdenklich. Und wenn dann auch noch der Herbst kommt und mich mit seiner befremdlichen Schönheit gleichzeitig sentimental und klar im Kopf werden lässt, dann ist vielleicht eine gute Zeit, um zu tun, was ich vorhabe.

Manches liegt schon hinter mir. Manches habe ich schon erlebt. Nicht alles, natürlich nicht. Noch nicht mal viel. Aber in 33 Lebensjahren kommt man um die eine oder andere Sorgenfalte wohl nicht herum.

Es liegt also schon manches hinter mir. Ich habe mehr Fragen als Antworten, glaube aber, dass das Stellen von Fragen an sich schon schlau ist.

Noch mehr liegt vor mir. Ich werde weitergehen auf meinem Weg. Dem Lebensweg. Und aktuell plane ich eine Reise. Eine Reise in die Angst. In meine eigene Angst. Ich werde die Konfrontation mit meinen größten Befürchtungen suchen.

Und wenn ich schon mal da bin, werde ich dort auch ein paar meiner Freunde besuchen. Und vielleicht auch neue Freunde finden.

Warum in die Angst reisen?

Teneriffa soll ja auch ganz schön sein. Hm. Ja, warum?

Ich kann aus ehrlichem Herzen sagen, dass es nicht der Voyeurismus ist, der mich lockt. Voyeurismus wäre, katastrophengeil mit dem Finger zu zeigen, laut zu blöken und dumm zu sein. Zumindest meiner persönlichen Definition nach. Ich will und kann mich nicht von allem Schlechten freisprechen, aber in diesem Fall ist die Interessenlage ehrlich woanders.

Ich habe aber festgestellt, dass man manches klarer sieht, wenn man mal von tief unten draufgeguckt hat. Oder es noch immer tut. Und ich weiß, dass man in schweren Zeiten ungeahnte Ressourcen entwickelt und Hilfe an Ecken findet, wo man sie kaum vermutet hätte. Und in solchen Zeiten bildet sich eine Art Essenz. Die Essenz von Freundschaft. Die Essenz des Wollens. Die Essenz des Glaubens. Und die interessiert mich. Ich will sie sehen und schmecken und begreifen. Auf das Drumherum verzichten. Was nicht tragen kann, soll es am besten gar nicht erst versuchen. Was nicht hilft, soll entlarvt werden und für immer die Klappe halten.

Es gibt diverse Auslöser für Angst und Unsicherheit, viele Ursachen für schwere Zeiten. Eine der einschneidensten ist dabei sicher der Tod. Der Blick auf den eigenen, der eines geliebten Menschen oder die menschliche Sterblichkeit an sich.

Der Tod ist mein Feind und ich will meine Waffen kennen. Oder prüfen, ob ich überhaupt Waffen brauche. Vielleicht gibt es ja Hilfsmittel und »Überlebens«-Strategien, die mir noch fremd sind.

Ich würde mit diesem großen Thema gern besser klarkommen, als ich es aktuell tue. Ich will wissen, was zu tun und was zu unterlassen ist, wenn ich einem todkranken oder einem trauernden Menschen gegenüberstehe. Und ich wünsche mir Himmelsrichtungen, in die ich gehen oder schauen kann, wenn ich selbst Besuch von der großen Todtraurigkeit bekomme.

Da liegt auch die zweite Frage, die ich mir stelle: Ich möchte wissen, wie Trauer und der Umgang mit dem Sterben heutzutage funktionieren dürfen und können.

Von früher oder auf dem Dorf kennt man das ja etwa so: Die alten Omas tragen, nachdem zum Beispiel ihr Mann gestorben ist, ein Jahr lang Schwarz, betreiben regelmäßige Grabpflege und verdrücken auch gern mal beim Kaffeeklatsch mit den Freundinnen ein Tränchen. Psychohygiene par excellence. Gesünder geht's kaum. Noch immer vorbildlich.

Weil aber diese Trauerzutaten natürlich nicht für jeden und jede die richtigen sind, ist es klar, dass das heute nicht mehr überall der gängige Brauch ist.

Alte Sachen unterlassen, finde ich an sich immer erst mal gut. Das Problem ist bloß: Wie kann man heutzutage, zum Beispiel als hipper Großstädter Mitte dreißig, seiner Trauer Luft machen? Was bleibt uns zu tun in einer Gesellschaft, die »trauerentwöhnt« ist? Was kann helfen? Was ist praktikabel? Wohin mit dem ganzen Wust aus Tränen, Zorn, Bauchangst und Komischsein?

Diese Frage könnte die Strophe aus 'nem Worshipsong sein und im Refrain würde dann das mit Gott kommen, klar. Aber ich denke da erst einmal weniger theologisch als ganz praktisch (im besten Fall IST Theologie natürlich praktisch – aber das führt vielleicht zu weit vom eigentlichen Pfad und ich hab auch nicht viel Ahnung davon).

Ich bin ganz sicher, dass Glaube, Gott und die Gemeinschaft mit Gesinnungsgeschwistern tröstende Kraft haben – dazu später mehr –, aber geht Traurigkeit nur im Trostgottesdienst? Innerhalb eines festgesteckten und vorgeplanten Rahmens, wo dann auch keiner Angst kriegt, wenn der Sitznachbar mal heult?

Fragen über Fragen.

Was ich aber jetzt schon weiß, ist: Sie sind mitten unter uns. Die Sterbenden und die Traurigen. Und wir helfen weder ihnen noch uns selbst, indem wir die Augen vor ihnen verschließen. Oder gar Sachen sagen wie: »Kopf hoch, Unkraut vergeht nicht!«

Ich nun wieder

Ich bin keine Sozio-, Psycho- oder Theologin. Ich bin Industriekauffrau. Zumindest von Beruf. Ich wäre, selbst wenn ich es wollte, gar nicht in der Lage, ein wissenschaftliches Buch zu schreiben. Ob ich ein unwissenschaftliches Buch vollkriege, wird sich noch zeigen. Ich arbeite in Teilzeit, singe in meiner Freizeit manchmal, bin Mutter, Ehefrau und in erster Linie Mensch.

Was meine Reise und den damit geplanten Reisebericht angeht, bin ich selbst ziemlich gespannt. Ich hab keine Strategie, keine Vorgehensweise. Ich spüre mich so durch. So könnte man es wohl nennen.

Ich kriege Hunger. Im Kopf. Ich erahne leise Fragen, die in meinem Oberstübchen oder Herzen flüstern. Das ist mir schon ein paar Mal in unterschiedlichen Themenbereichen passiert. Und dann muss ich los. Ich muss reisen. In Bücher oder Vortragsreihen. In andere Länder, Sprachen und Religionen – zur Not theoretisch. Mit zwei kleinen Kindern geht das ja nicht immer alles so leicht.

Ich reise in Ideen hinein und träume Träume vor mich hin. Und ich reise in meine Angst. Dem Tod entgegen. Ja, so mach ich's!

Herzliche Einladung an euch, mitzukommen.

Ich denke, wir werden dem Leid, Krankheiten, Verlusten und Tränen begegnen. Manchmal werden wir schlaue Menschen treffen und ehrliche Herzen. Ich für meinen Teil werde mitweinen, auch viel lachen, werde lieb haben und so schlimm wütend schimpfen, dass ich anschließend Mund und Tastatur mit Kernseife waschen muss. Und ich werde Gefühle im Herzen haben, deren Namen ich noch nicht kenne. Ich werde immer wieder fragende Blicke zu meinem Freund Gott werfen. Und vieles werde ich nicht wissen.

Ich mache mich auf die Reise in die Angst.

Was ich dort finden werde, weiß ich noch nicht. Wie es dort schmeckt und riecht und aussieht, kann ich noch nicht sagen. Aber wenn ich dort bin, sehe ich vielleicht etwas, das ermutigt, trägt oder tröstet. Hoffentlich. Und wenn ich so etwas oder jemanden sehe, sage ich euch, die ihr mit mir kommt, sofort Bescheid. Versprochen.

Ich kann und werde nicht versprechen, dass Gott die Antwort auf alle Fragen ist oder liefert. Das könnte ja höchstens er selbst und ich habe dazu noch nichts Konkretes von ihm gehört.

Mal sehen, wo wir landen.

1
Der Aufbruch

Wir starten wilden Mutes und gehen dahin, wo viele Ängste ihr Zentrum haben. Möglichst nah ran ans Geschehen.

Ja, der Tod ist so ziemlich das Gruseligste, was es gibt. Für mich zumindest. Bei Omas, die kurz vor der 100 lebenssatt einschlafen, hält sich meine Angst noch in Grenzen. Die beerdigt man ja regelrecht gern. Aber der Tod kommt manchmal auch dahin, wo er nicht willkommen ist. Und das finde ich immer wieder aufs Neue schlimm.

Am liebsten ist er mir, wenn ich von ihm in der Zeitung lese oder so. Ich kann umblättern, ihn ad acta legen und bin fertig mit dem Thema. Aber während ich noch blättere, ahne ich, dass er das wohl nicht für immer mit sich machen lassen wird. Und das versetzt mich in eine latente, leise Alarmbereitschaft.

Das sieht man mir nicht an, ich bin eigentlich recht lebensfroh. Ich lache laut und gerne, genieße die schönen Dinge. Aber da ist dieses Monster unter meinem Bett, das diffus rumtönt, wenn es außen leise wird. Nicht laut, nicht brüllend und martialisch, aber dafür permanent und unglaublich nervtötend. Als der Leidensdruck endgültig hoch genug war und ich außerdem eine Art Zeitüberschuss hatte, habe ich beschlossen, endlich mit der Taschenlampe unters Bett zu leuchten. Ich habe im Hospiz angefangen.

Mein Job dort ist gar nicht so mildtätig, wie er erst mal rüberkommt. In erster Linie profitiere ICH davon. Ja, ich arbeite im Hospiz. Vielleicht erklärt das, warum ich mir die Gedanken mache, die ich mir mache. Aber um ganz genau zu sein, waren die Gedanken zuerst da und der Job eine Art Antwortenlieferant. Zumindest zu Teilen. Ich glaube, dass man immer und überall etwas lernen kann.

Seit Anfang 2014 arbeite ich im Hospiz »Haus Emmaus« in Wetzlar, Hessen. Zunächst ehrenamtlich, mittlerweile bin ich angestellt. Denn wenn ich schon nach den großen Lebensfragen forsche, kann ich mich auch gleich nützlich machen.

Das alles begann so:

»Hospiz wie Hotel oder Hospiz wie Sterben?«

»Das mit dem Sterben.«

»Warum DAS denn?! Ich könnte das nicht.«

Na ja, ob ich das kann muss sich auch erst noch herausstellen …

Ich erinnere mich noch genau an meinen allerersten Tag im Hospiz. Mir war ein bisschen elend, während ich einen Parkplatz suchte. Zum »Schnuppern« hatte ich mich einladen lassen. Wie war ich noch mal hier gelandet? Ob ich jemals aufhören würde, mir ständig so einen Quatsch zu überlegen? Aber ich brauchte Antworten. Ich musste doch wissen, wie ein vernünftiger Umgang mit diesem ganzen Thema möglich ist. Wieso werden die Leute, die hier arbeiten, nicht reihenweise verrückt?

Ich war also mutig in Richtung Eingang unterwegs. Ich hatte mich mal sicherheitshalber schwarz angezogen. Der nette Mann vom Telefon erwartete mich schon am Empfang. Er trug so ziemlich alle Farben außer Schwarz. Aha.

Erste Lektion, die ich hier lernte: Die Bewohner des Hospizes werden ausschließlich »Gäste« genannt. Stimmt nicht. Meistens werden sie einfach mit ihrem Namen angesprochen. Aber »Patienten« heißen sie nicht. Sie sind nämlich eigentlich keine Patienten. Klar, Pflegepersonal, Ärzte, Medizin und alles gibt's hier nicht zu knapp. Aber Heilung steht nicht mehr auf der Agenda. Hier werden »nur« noch Symptome bekämpft. Schmerzen gelindert und die größtmögliche Lebensqualität angepeilt.

Und wie das geht, merkte ich im Laufe der Zeit. Ich lernte eine ehrenamtliche Helferin kennen, die auf besonderen Wunsch »Handkäs' mit Musik« (oder wahlweise Grießbrei nach böhmischem Oma-Rezept) kocht und zum Beispiel die richtige Sorte Weintrauben in der richtigen Farbe organisiert.

Ein Pfleger ergänzt die hauseigene Leih-Videothek regelmäßig mit Psychothrillern aus dem eigenen Bestand, was mir besonders zugutekommt.

Ich denke an die »Blumenfee«, wie ich sie nenne. Eine liebenswerte ältere Dame, die sich regelmäßig um alle Blumen im Haus kümmert. Und das sind nicht wenige. Sie spricht mit ihnen, droht mit der Biotonne bei ausbleibender Blütenpracht und begrüßt jeden mit freundlicher Ruf-Terz, während sie in ihrem Rollstuhl durchs Haus düst.

Da ist der charmante Herr um die 60, der, nach seinem Aufgabengebiet gefragt, antwortet: »Der Garten und alles, was noch so ist!« Oder die Mutter eines vor Jahren verstorbenen Gastes, die regelmäßig selbst gebackenen Kuchen vorbeibringt.

Diese Freiwilligkeit und diese Liebe zum Leben spürt man dem kompletten Haus ab. Vielleicht ist es das, was mich irgendwie gern hier sein lässt.

Mein liebes Fräulein Lilienthal ist im Gegensatz zu mir nicht so richtig freiwillig hier. Als ihr vor einigen Monaten Bauchspeicheldrüsenkrebs im fortgeschrittenen Stadium diagnostiziert wurde, begann für sie ein Marathon aus Behandlungen, Hoffnung, Ernüchterung, Tränen, neuen Anläufen, wieder neuen Rückschlägen und unermesslicher Anstrengung.

Ich denke, dass sie so ungefähr um die vierzig sein müsste. Ihr Körper ist zart und zerbrechlich, ihre Augen sind müde, aber nicht unglücklich. Sie sagt, dass es ihr guttut, jetzt endlich Frieden und Gewissheit zu haben. Nicht mehr hoffen und bangen zu müssen, um dann enttäuscht zu werden.

Wenn ich ihr Versicherungskärtchen mit dem Passbild in der Hand halte, sehe ich eine andere Frau als diese zarte Person mit den müden Augen. Ich sehe eine Person, die mich an eine Version von meinem lieben Fräulein Lilienthal erinnert, wie ich sie zum Beispiel im Supermarkt treffen könnte. Eine Version von ihr, die sich fragt, wohin der Urlaub im nächsten Jahr gehen soll. Aber mein liebes Fräulein Lilienthal hier hat andere Fragen. Andere und insgesamt nicht besonders viele.

»Nicht dem Leben mehr Tage, sondern den Tagen mehr Leben geben.« Darum bemühen sich alle, die hier arbeiten. Die Ärzte, indem sie höchst aufmerksam Schmerzzustände oder Unwohlsein erfragen und bestmöglich behandeln. Das Pflegepersonal, indem es geduldig und schnell auf Bitten und Anfragen aller Art reagiert. Ermöglicht durch eine hohe Personaldichte, die im normalen Krankenhausbetrieb nicht gegeben ist.

Die Ehrenamtler, indem sie auf kurzem Dienstweg Versicherungsunklarheiten klären, Unkraut zupfen, Füße massieren oder sich als Dolmetscher betätigen. Der Leitungskreis, der Spenden sammelt, öffentliche Aufmerksamkeit schafft, Werbung für diese wichtige Arbeit macht.

Im Zentrum dieser vielfältigen Arbeiten stehen der Gast und seine Angehörigen. Es geht darum, unnötige Ärgernisse zu beseitigen, zu unterstützen, wo es gewünscht ist. Und es geht vor allem um Aufmerksamkeit und Zuwendung.

Ich glaube, dass alles schlimmer ist, wenn man allein ist. Kann sein, dass das ein Mittel ist, mit dem man das Leid zumindest zu kleinen Teilen entschärfen kann: Aufmerksamkeit und ein ernst gemeintes »Wie geht's?«. Ich musste mich anfangs ziemlich überwinden, Angehörige danach zu fragen, wie es ihnen geht. Ihnen dabei in die Augen zu schauen.

Meine Aufgaben spielen sich im Moment im Bereich Telefondienst, Sekretariat für die Chefin und Empfang von Besuchern, Lieferanten etc. ab.

»Sind Sie zum ersten Mal bei uns?«, »Würden Sie bitte Ihre Hände desinfizieren?«, »Kennen Sie den Weg?«, »Ich rufe schnell die Kollegin aus der Pflege an, die wird Sie dann mitnehmen …«.

Und eben das gruselige »Wie geht's Ihnen heute?«.

Aber ich spüre regelmäßig ganz deutlich, wie unglaublich dankbar diese Mitmenschen reagieren, wenn sie alles noch mal in Ruhe erzählen können. Manchmal wiederholen sie sich oder holen kilometerweit aus. Und wenn sie fertig sind mit reden, schauen sie mich manchmal so an, als hätten sie vergessen, dass ich da bin. Dann bedanken sie sich von ganzem Herzen (fürs Dasitzen und Stillsein – wenn es nur das ist …). Und das Elend, das auch dann seinen Lauf nehmen würde, wenn ich nicht dabei wäre, ist vielleicht für einen kleinen Moment ein bisschen gemildert. Das war es wert. Die paar Minuten Zeit, die ich investiert habe, waren gut angelegt.

Zeit scheint ein größeres Thema zu sein, denke ich.

2
Eine echt atheistische Trauerfeier – oder wie?

Harry

Das Leben macht ja sowieso, was es will. Während ich mir den Kopf darüber zerbreche, wie ich das nächste Kapitel beginnen soll, wird schon wieder gelebt und es wird schon wieder gestorben und ich muss zu einer Trauerfeier.

Ein Bekannter ist an Krebs gestorben. Eigentlich mit Mitte 50 noch zu jung. Er ist im Hospiz gestorben. Dass das vielleicht nicht der allerschlechteste Ort dafür ist, liegt uns ja noch im Ohr. Die Verwandten hatten Zeit für den Abschied, die Palliativmedizin hat gezeigt, was sie kann. Dafür, dass es schlimm ist, ist es gut gelaufen.

Harry soll er heißen in diesem Text. Harry von Harald.

Harry glaubte zu Lebzeiten an genau gar nichts. An gutes Essen und die Kunst der Fotografie schon. Aber an keinen Gott, nichts Übergeordnetes. Ein strammer Atheist. Außerdem Menschenfreund, Hobbykoch, man konnte es gut aushalten mit ihm.

Nun ist er tot.

Ich kannte bisher nur christliche Beerdigungen. »Stern, auf den ich schaue«, »Herr, bleib bei mir«, »... wir dürfen uns nicht die Frage nach dem Warum stellen ...« und so. Ein bisschen langweilig vielleicht, aber sie gab mir immer halt, diese vertraute Beerdigungsliturgie.

Wie sollte das denn auf einer Atheisten-Trauerfeier zugehen?

Dass eine Trauerrednerin engagiert worden war, hatte ich im Vorfeld gehört. Auweia. Ich erinnerte mich an meine standesamtliche Trauung. An die schrecklich konstruiert klingenden Romantikverirrungen der Beamtin. Und irgendwie schwante mir Fürchterliches. Die Vorurteile feierten mal wieder Party in meinen Kopfschubladen.

Und dann bin ich da.

Der Friedhof ist malerisch schön. Alt, verwinkelt und wie für den Herbst gebaut. Klar, dass Harry mit Fotografenauge die Auswahl getroffen hat.

Ich schlendere zur Kapelle aus Bruchstein. Innen Helligkeit, buntes Glas und mehr Menschen als Stühle. Natürlich ist vorne ein schlichtes Holzkreuz in der Kapelle angebracht. Da hätte Harry auch keinen Stress mit gehabt, denke ich. Leben und leben lassen. Auch wenn man schon tot ist. Für seine Frau ist es vielleicht sogar ganz wohltuend. Ich weiß, dass sie insgeheim schon mit einer göttlichen und wohlwollenden Kraft sympathisiert.

Ganz vorne steht in einem Meer von Kerzen die Urne. Daneben ein stilvolles Schwarz-Weiß-Bild von Harry. Ich höre ihn mit seiner sympathischen Zigarettenstimme lachen, während ich das Bild anschaue.

Und mitten in meine Erinnerungen singt zur Eröffnung die Zigarettenstimme von Johnny Cash seine einzigartige Version des Titels »Bridge over troubled water«. Puh, da hört man aber die Tempo-Päckchen rascheln im Saal.

Ich schaue mich um und bleibe mit den Augen an seiner Frau hängen. Die ist jetzt Witwe. So ein antiquiertes Wort für so eine fidele Frau … Ich weiß, dass sich die beiden im Hospiz in Ruhe »Tschüss« sagen konnten. Was sie sich genau gesagt haben, weiß ich nicht …

Das Bild von Harry und die Stimme von Johnny Cash passen gut zusammen. Und während ich über letzte Worte und junge Witwen grüble, singt Johnny

»Sail on, silver girl. Sail on by.
Your time has come to shine,
all your dreams are on their way.
See how they shine!
And if you need a friend: I'm sailing right behind.«

Harry hatte den Song ausgesucht für diesen Tag. Vielleicht hat er bei dieser Strophe an seine Frau gedacht.

Worüber redet man als Redner bei einer Trauerfeier, wenn man nicht über Gott redet? Klar: über den Verstorbenen. Wie zu erwarten war, sagt die Trauerrednerin zunächst Dinge wie »… auf dem Weg begleiten«, was sich ja verrückterweise auf »… den neuen Weg beschreiten« reimt. Alles auch immer nur »ein Stück weit«, versteht sich.

Aber ich merke, wie sie mich immer mehr in Bann zieht mit ihrer Art und ihren Worten. Weil sie das, was sie sagt, auch so meint. Wenn jemand etwas ernst meint, sind komische Formulierungen auf einmal nicht mehr schlimm.

Sie erklärt, dass Harald immer nur Harry genannt wurde und dass sie das deshalb heute auch machen wird. Man merkt an dieser Stelle richtig, wie manche Verspannung im Saal sich löst – wie man auf einmal von ein und derselben Person redet und nicht von einem idealisierten Fremden, dessen Zweitnamen man heute zum ersten Mal hört.

Freunde und Verwandte hatten im Vorfeld Gelegenheit, ein paar Zeilen über Harry aufzuschreiben. Was typisch für ihn war, was liebenswert, was besonders. Schöne gemeinsame Erinnerungen. Die Rednerin liest diese Kurztexte vor. Sehr schön.

Als die Erinnerungen des siebenjährigen Enkels gelesen werden, brechen bei mir alle Dämme. Seine schönste Erinnerung war, dass Opa einmal mit dem Spielzeuggewehr Omas Blumen von der Fensterbank geschossen hat. Und, dass Opas Frikadellen die besten waren. Ich denke, egal, wo er nun hingeht nach dem Tod – er ist nicht mehr hier und die Lücke schmerzt. Die Frikadellen werden nicht mehr so gut sein. Ein Stuhl am Tisch bleibt leer. Da sind dann doch alle Abschiede gleich. Atheistisch oder nicht.

Wieder gerate ich ins Grübeln … Ein so beliebter und geliebter Mensch. Kostbar und einzigartig geschaffen. Wie läuft es für ihn wohl unmittelbar nach dem Tod weiter? Das stelle ich mir eigentlich immer bei Beerdigungen vor. Was der Beerdigte wohl gerade treibt. Als wir meine Oma begraben haben, war ich gerührt von dem Gedanken, wie sie meinen Opa und ihre Eltern wiedertrifft. Falls man sich da irgendwie irgendwo trifft. Falls man sich überhaupt erkennt. Na ja, wenn es wirklich so schön dort ist, hoffe ich schon auf eine Tasse Kaffee mit meinem Opa. Wir werden sehen …

Wie wird Harry willkommen geheißen? Von wem? Was wird er sehen?

Und wieder singt mir einer in die Gedanken hinein. Diesmal ist es Leonard Cohen. Ebenfalls von Harry bestellt.

> »And even though it all went wrong, I'll stand before the Lord of Song with nothing on my tongue but Hallelujah.«

Mensch Harry. Was willst du uns mitteilen mit deiner Diskografie?

Dass wir alle miteinander verwirrt schmunzelnd in der Kapelle stehen, ist in deinem Sinne. Da bin ich sicher. Aber steckt da noch mehr drin? Hattest du irgendeine Ahnung in dir, die Leonard uns noch mal auf diese Weise näherbringen soll? Oder bin ich schon so weit, dass ich mir meinen persönlichen Glaubenskosmos sogar mit der Playlist von Harry dem Heiden ins Trockene argumentieren kann?

Ich genieße diese Trauerfeier. Ich kann in Ruhe meinen Gedanken nachhängen, über Harrys verschrobene Art lächeln, bewusst Abschied nehmen. Ich werde Harry-typisch zum Schmunzeln gebracht, weine, werde erinnert und berührt. So soll es doch sein bei so einer Veranstaltung.

Ich vermisse auch gar keine Predigt. Vielleicht muss man ja nicht immer über Gott reden. Ich glaube nicht, dass Gott jetzt sauer ist. Es fühlt sich hier irgendwie passend an, von dem zu sprechen, von dem wir uns verabschieden müssen.

Das letzte Stück hat sich seine Frau gewünscht. Das pure und gut klingende Arrangement und der Country-Schnulz in der Stimme von Alan Jackson sind genau das, was ich jetzt brauche.

»Amazing Grace«

Überwältigende Gnade … wenn das wirklich stimmt, dass die Gnade Gottes überwältigend, jeden Morgen neu und nie zu Ende ist – muss ich mich dann heute wirklich auf immer und ewig von meinem Kumpel Harry dem Heiden verabschieden?

Schon wieder bleiben mehr Fragen als Antworten.

Klar ist für den Moment eigentlich nur, dass Alan Jackson die beste Version von Amazing Grace singt.

Wie schon nach der ersten Etappe brauchen Herz und Hirn jetzt eine Pause. In Afrika gibt's doch so ein Sprichwort. Das ging etwa so:

> »Wenn man ganz weit gelaufen ist, soll man sich lange unter einen Baum setzen. Damit die Seele nachkommen kann.«

Wenn ihr mich sucht, ich bin unterm Baum.

Was unter dem Baum geschah

»Loslassen, immer wieder loslassen.« Das hängt als Spruch an meinem Kühlschrank. Und während ich in Richtung Ceranfeld an dieser Weisheit vorbeirenne, denke ich seit Jahren immer wieder, dass irgendwas daran stimmt … Was genau das ist, wüsste ich vielleicht, wenn nicht ständig etwas überkochen würde.

Loslassen.

Die geneigte Leserin von Erziehungsratgebern weiß, dass das Kind das Fahrradfahren nur dann lernt, wenn die Mutti irgendwann loslässt. Und insgesamt auch mal still ist und die Finger vom Kind nimmt. Man arbeitet da komplett gegen die eigenen Instinkte als Mutter. Weil das Loslassen aber in der Regel nur etwa bis zum nächsten Bordstein dauert, kann man vielleicht mal kurz damit klarkommen. Das geht.

Ärger soll man ja nach Möglichkeit auch loslassen. Das macht jetzt auch nicht immer Spaß. Das Loslassen. Ärgern ist nämlich manchmal schön. Aber ohne dass man es selbst merkt, zieht der Ärger einen mit der Zeit runter. Und man wird zynisch und hässlich und … ACH! Ich sehe es ja ein! Also: Obwohl es Spaß macht, lässt man ihn dann doch irgendwann los – man hat ja letzten Endes selbst was davon. Außerdem kommt der nächste Ärger garantiert und dann kann man wieder schimpfen wie ein Rohrspatz. Die beruhigenden Gewissheiten des Lebens.

Ich möchte aber nichts und niemanden für immer loslassen. Wenn ich das noch nicht mal beim Ärger so richtig möchte, möchte ich es erst recht nicht bei Geliebten oder Vertrauten. Auch dann nicht, wenn ich glauben darf, ihn oder sie woanders wiederzusehen. Weil ich nicht sicher sein kann, dass ich ihn oder sie erkenne und finde.

Und weil ich glaube. Und nicht weiß.

Loslassen. Ja. Das ist es wohl, worum es gerade geht. Dafür wird zum Beispiel per Trauerfeier ein Rahmen geschaffen. Ruhige Atmosphäre, Besinnlichkeit, ausreichende Mengen an Taschentüchern. Nachher je nachdem Zucker, Koffein, manchmal Alkohol, um dem Körper eine Art Versöhnungsangebot zu machen. So stimmig diese Bräuche auch sein mögen – das mit dem Loslassen ist dann doch so gut wie unmöglich. Wo soll man das auch gelernt haben?!

Ich lasse während der Fahrt NICHT das Lenkrad los.

Ich lasse NICHT die Hand meines Kindes los, wenn ich über eine vierspurige Straße laufe.

Ich halte mich ständig irgendwo und irgendwie im Zaum. Halte fest, halte zurück. Da haben wir alle was davon.

Unsere Gesellschaft würde in Schutt und Asche liegen, wenn wir nicht gelernt hätten, festzuhalten, zurückzuhalten, uns ranzuhalten … Halten, halten, halten. Und hier soll man auf einmal das Gegenteil machen? Schier unmöglich.

Die schöne Atmosphäre, die Musik, die Kerzen und die ruhigen, lieben Worte können nicht komplett verbergen, was hier eigentlich passiert ist: Ein Band wurde durchgeschnitten. Ein Band, das zwischen uns und dem oder der Verstorbenen bestand. Manchmal drahtseilmäßig dick, manchmal fein und dünn aus türkisfarbener

Seide zum Beispiel. Herzensbänder, so bunt und verschieden wie die Schöpfung.

Wir versuchen reflexartig, irgendwie festzuhalten, aber kommen nicht um die Schnittwunde herum. Keiner, der jemand Geschätzten oder Geliebten beerdigt, aber selbst hierbleibt, kommt da unverletzt raus, fürchte ich.

Ich glaube, es ist gut, wenn wir wach und bedächtig sind, während der Schnitt passiert. Gut, wenn wir weinen können. Wenn wir beginnen zu begreifen, was geschieht. Aber auch wenn es anders läuft, läuft es irgendwie.

Manchmal schaltet unser Freund Körper uns zuliebe auf Schock um. Weil uns die Welle sonst auf unbestimmte Zeit umwerfen würde. Dann sickert die Traurigkeit mit der Zeit nach. Auch das ist in manchen Momenten eine gute Taktik, denke ich. Manchmal ist unser Körper schlauer als wir. Dann ist es gut, wenn er mal kurz das Steuer übernimmt.

Es gibt sicher keinen goldenen Weg. Weil jedes Herz und jeder Verlust einzigartig sind. Aber vielleicht ist das bewusste Dabeisein der schnellere Weg über den Berg. Eine These, die ich überprüfen werde auf den nächsten Etappen meiner Reise …

Egal, wo unser Gegenüber nach seinem Tod hingeht – er oder sie ist nicht mehr hier. In der Erinnerung schon. Aber wir können ihn oder sie nicht mehr anfassen. Sie oder ihn nicht mehr riechen, um Rat fragen, gemeinsam schweigen oder lachen. Wir können ihm oder ihr keine Liebschaften oder Enkelkinder mehr präsentieren, nicht mehr zanken und versöhnen.

Wir entlassen unsere Verstorbenen natürlich nicht ungern in ein Paradies, an das manche von uns glauben. Aber dieses Nicht-mehr-hier-Sein bleibt für den Moment, was es ist: eine frische Wunde.

Ich sitze und sitze und sitze unter dem beknackten Baum, aber ich finde das gute, das hoffnungsvolle Ende für Kapitel 2 nicht!

Meine Seele ist wieder bei mir angekommen. Aber sie stand blutend und weinend vor der Haustür.

Es wäre sicher zu viel verlangt, ein Buch über den Tod, die Angst und die Traurigkeit zu schreiben und an jedem Kapitelende irgendwie die Kurve zum zufriedenen Einschlafen zu kriegen. Diese Erwartung wäre absurd und ich glaube im Kopf auch gar nicht wirklich daran. Aber mein menschliches, kleines Herzchen wünscht sich ein gutes Ende. Und zwar nicht erst ganz, ganz am Schluss aller Tage, sondern nach Möglichkeit am Schluss dieses Tages.

Ich muss nicht nur loslassen. Ich muss auch aushalten, dass es nicht klappt.

Und ich muss weinen, während ich aushalte. Ich kann nicht anders.

Ich dachte immer, dass ich nicht viel muss im Leben. Das war Quatsch.

Trotz allem: Ich habe einen Helfer. Oder zumindest einen Kumpel, der mir in diesem Moment angenehm ist. Ich hatte ja versprochen, immer sofort Bescheid zu geben, wenn irgendetwas hilfreich ist. Während ich sitze und tippe und weine, mir selbst leidtue und den Frieden der Nacht herbeisehne, spielt Fernando Ortega das Stück »Nearer my God to thee« als Instrumentalversion für mich. Seit fast einer Stunde in der Dauerschleife.

3
Das, was hier und jetzt noch stimmt

Mein liebes Fräulein Lilienthal hatte neulich einen großen Tag. Ihre Schulfreundin, die sie seit mehreren Jahrzehnten nicht mehr gesehen hatte, hatte sich zum Besuch angemeldet. Von weit her wollte sie mit dem Zug anreisen, um ihre alte Freundin zu treffen. Man kennt das ja: ein bisschen wie Klassentreffen. Wie sehe ich aus? Was sollen wir reden? Ob die Chemie wohl noch stimmt? All diese Fragen vor dem Hintergrund, dass es wahrscheinlich das letzte Klassentreffen sein würde.

Gut aussehen wollte sie gern. Ihrer alten Freundin einen halbwegs angenehmen Empfang bieten. Eine der Schwestern half ihr, die Haare auf Wickler zu drehen. Eine frische Bluse in der Lieblingsfarbe, ein leichtes Make-Up. Und obwohl alle Tricks nicht verbergen konnten, dass mein liebes Fräulein Lilienthal schon bessere Tage erlebt hatte, passierte doch ein kleines Wunder. Weil auf einmal die Dame in ihr neu geweckt worden war.

Niemand konnte das Strahlen in ihren Augen übersehen.

Eine Frau, die glücklich war über ihre Schönheit, die sie fast vergessen hätte in der letzten Zeit, in der es oft nur ums reine Überleben ging. Darum ging es nun nicht mehr. Nun ging es um Abschied. Und den dann bitte so schön wie möglich.

Dann kam sie an, die Freundin.

Es wurde gekichert, geweint, gegessen und gelebt. Es wurde mit Bier angestoßen, vielleicht zum letzten Mal, und mein liebes Fräulein Lilienthal war glücklich.

Glücksmomente im Hospiz. Es gibt sie tatsächlich.

Was mir hier im Hospiz ganz besonders gefällt, sind die gemeinsamen Frühstücksrunden! Der große Holztisch im Wohnzimmer wird jeden Morgen reich gedeckt, alle Hungrigen zusammengetrommelt. Pflegekräfte, Angehörige, Gäste so weit mobil, Ehrenamtler und wer sonst noch so da ist. Und dann kommt die (so mein geheimer Name dafür) »zauberhafte Performance der Chefinnen«!

Diese zwei Frauen – Hospizleiterin und Pflegedienstleiterin – sind in ihrer Arbeit eigentlich schon beeindruckend genug. Aber am Frühstückstisch lehren sie mich immer wieder, wie Genuss funktioniert!

Da wird das Gespräch kunstvoll weg von der Arbeit, hin zu den schönen Lebensthemen gelenkt. Urlaub, Betriebsausflug, Theater, Lieblingsessen. Die Konsistenz der Frühstückseier wird jedes Mal aufs Neue zum edelsten aller Themen erhoben und das Gelächter ist regelmäßig laut. Genuss in Perfektion, fast als Kunstform. Mitten im täglichen Umgang mit dem Tod.

Wenn ich in diese Frühstücksrunde schaue, sehe ich, wie Katholikinnen, Freikirchler, Buddhistin und Protestantin, wie der Familienvater, die Geschiedene, der homosexuelle Pflegeschüler und die überzeugte Singlefrau gemeinsam über Frühstückseier zanken und sich ebenso gemeinsam den Menschen zuwenden, die vor den größten Lebensfragen und manchmal bis zum Hals im Leid stehen.

Manchmal reden sie etwas leiser als sonst, die Leute, die hier arbeiten. Sagen Dinge wie: »Ich gehe nach der Pause noch mal in

Zimmer fünf. Vielleicht hören wir noch ein bisschen Udo Lindenberg. Den mag Herr Soundso doch so gern.«

Und manchmal kommt jemand zu meinem Platz am Empfangstresen und holt die Streichhölzer aus der Schublade. Dann wird die große Kerze am Eingang angezündet und eine Laterne noch dazu. Die Laterne wird vor die Zimmertüre gestellt und zeigt an, dass hier ein Verstorbener liegt und dass man sich verabschieden kann, wenn man möchte. Es wird eine leere Doppelseite im großen Buch aufgeschlagen, das im Eingangsbereich liegt. Auf die Doppelseite werden neben dem Namen das Geburts- und das Sterbedatum geschrieben. Und dann ist da ganz viel freier Platz. Manchmal möchten die Angehörigen dort etwas aufschreiben. Man findet auch viele Fotos und Kinderzeichnungen in diesem Buch.

Nicht nur im Buch steht der Name. An unseren Baum wird ein neues Blatt gehängt. Auch darauf stehen Name und beide Daten. Und sie bleiben so lange dort hängen, bis die nächste Gedenkfeier stattfindet, in der alle die möchten, noch einmal Abschied nehmen können.

Mein liebes Fräulein Lilienthal weiß in etwa, was auf sie zukommt. Dass es nicht einfach wird, kann sie sich denken. Es gibt solche und solche Tode, das hat sie schon gehört.

Manch einer kommt hier im Hospiz an, legt sich in sein Bett, schließt die Augen und verlässt leise diese Welt. Mancher schläft in Zeitlupe zum letzten Mal ein. Über Tage und Wochen hinweg, immer seltener wach. Aber es geht auch manchmal plötzlich. So weit man an diesem Ort von einem plötzlichen Tod reden kann. Wie es auch wird, das Ende des Weges ist dasselbe. Und der Weg selbst hoffentlich schmerzfrei und friedlich.

Bis dahin: Abschied. Von Geliebten, Geliebtem und von allem, was bekannt und gewohnt ist. Auch von einem selbst und von Dingen, die man so vielleicht eigentlich nicht lassen wollte. Mancher schließt Frieden mit manchem, anderes bleibt stehen. Rundum-Versöhnung ist nicht immer.

Und dann ist der letzte Atem ausgeatmet. Und es wird still und die Seele macht sich, unsichtbar wie sie ist, auf den Weg. Vielleicht öffnet jemand das Fenster.

Jetzt darf sich alles ausruhen. Der erschöpfte Körper, der nun seinen Dienst getan hat. Der Raum, der schweigend alles miterlebt hat. Die Stille hat ihren Platz.

Wenn die Stille gewirkt hat, kommt die Schönheit noch einmal dran. Das Zimmer wird hergerichtet, vielleicht mit frischen Blumen. Oder Kerzen. Der Körper wird gewaschen, die Haare gekämmt, die liebsten Klamotten angezogen. Manchmal tun all das die geliebten nächsten Menschen. Wenn sie möchten. Ein Abschied mit allen Sinnen kann manchmal helfen.

Tränen sind willkommen, alles andere auch.

Den Namen der Verstorbenen zu nennen, das ist würdevoll. Ihren Namen aufzuschreiben, ihn auszusprechen, ihn nicht totzuschweigen. »Ja, sie war hier. Jetzt ist sie nicht mehr hier. Wir sind traurig darüber.« Wir müssen jemanden aus unserer Mitte gehen lassen. Versuchen, loszulassen. So weit es geht, gnädig mit uns und dem anderen sein.

Weiterhin ein- und ausatmen.

Das, was hier und jetzt noch stimmt, das stimmt.

Das, was hier und jetzt noch trägt, das trägt.

Und das ist nicht viel.

Die Tür

Trotz des mittlerweile geregelten Berufsalltags gibt es immer wieder Tage und Geschichten, die mich still und nachdenklich machen.

Bei denen mir kalt wird. Ich beende diesen Tag mit weichen Knien. Und auch mit ein paar Erkenntnissen.

Franz Müntefering hat in einer TV-Diskussion zum Thema »Sterbehilfe – ja oder nein?« die großen Wahrheiten mal so zusammengefasst: »Sterben gehört zum Leben. Und Sterben kann gelingen.«

Sterben gehört zum Leben. Auch zu meinem. Und zu dem meiner Freunde und Geliebten. Eine Erkenntnis, die die Tür in die Angst leise aufschließt. Ich kann eintreten oder so lange mit verschränkten Armen davor stehen bleiben, bis das Schicksal mich irgendwann per Fußtritt hineinbefördert. Beides ist legitim und hat seine Vorteile. Ich bin frei zu entscheiden. Zumindest im Moment.

Ich entschließe mich, leise den Kopf durch die Tür zu schieben und einen nächsten Hafen zu suchen, an dem ich anlegen kann.

Sterben kann gelingen.

Die erste kleine Hoffnung auf meiner Gruseltour.

Gelingen heißt Würde.

Gelingen heißt Mitspracherecht.

Gelingen heißt in manchen Fällen auch Palliativmedizin.

Ich speichere die Hoffnung auf gelingendes Sterben fest in meinem Herzen.

Und was nun?

Ich nehme mir etwas Zeit, um alles sacken zu lassen, und denke nach.

4

... aber nicht allein

Die Kunst des Unterlassens

»Wie kann man angesichts des Leides in der Welt noch an Gott glauben?«

Die Theodizee-Frage. Die Frage aller Fragen.

Manche Theologen bezeichnen sie ehrfürchtig als den »Fels des Atheismus«. Meine persönliche Antwort darauf geht ehrlich gesagt in die Richtung »Weiß ich nicht«. Ich möchte mich nicht an einer öffentlichen Beantwortung der Theodizee-Frage versuchen. Davon hätte am Ende vermutlich niemand etwas ...

Ich glaube einfach.

Warum, weiß ich manchmal selbst nicht so genau. Vielleicht bin ich so stark christlich sozialisiert, dass ich es gar nicht anders kann. Vielleicht glaube ich, weil ich es mein Leben lang gewohnt bin. Ich weiß nicht, wie ich es schaffe, im Angesicht des Leides in der Welt an die Existenz Gottes zu glauben.

Ich tue es einfach.

In meinen Gedanken und in meinem Herzen gibt es einen Gott. Oder eine Art Kraft, Macht, wie auch immer. Vielleicht ist es sogar Gottes Gnade, die den Glauben an ihn und das Suchen nach ihm in mir lebendig hält. Ich höre nicht auf zu fragen, Kontakt aufzunehmen und um diese Macht herumzukreisen.

Aber ob, und wenn ja wie, ich diesen Gott, an dessen Existenz ich glaube, in manchen Momenten ausstehen kann, steht auf einem anderen Blatt… Für mich stellt sich eher die Frage, wie sich »das Leid« als abstrakter Überbegriff auf meine Gottesbeziehung und mein Gottesbild auswirkt.

Der »Liebe Gott« aus Kindertagen kann plötzlich ziemlich unsympathisch werden, wenn man so manches Elend mit ansieht. Weil Gott das Elend nämlich manchmal auch mit ansieht. Anstatt donnernd und allmächtig aus dem Himmel zu kommen und mal ordentlich durchzugreifen.

Aber wer traut sich denn schon, Gott unsympathisch zu finden? In den Kreisen, aus denen ich komme, wagt das öffentlich(!) so gut wie niemand. Und ich selbst weiß auch nicht so richtig, ob ich das bringen kann…

Ich schleiche mich mutig an die Frage heran, wie ich mich Gott gegenüber äußern und benehmen darf, wenn es bei mir oder anderen ernst wird. Ich will wissen, wie sich unsere Beziehung gestalten kann.

Die Forschungsreise in Richtung Gott starte ich erst mal ganz unverkrampft überkonfessionell. In der klassischen Trauerbegleitungsliteratur. Die Frauen und Männer, die Trauernden aus allen Religionen und Konfessionen beistehen, wissen bestimmt viel Schlaues zu berichten. Sie kennen Menschen in Krisensituationen und haben deshalb sicher schon Beobachtungen gemacht, die mich weiterbringen können…

Und siehe da, ich muss nicht lange suchen, um Sätze zu finden wie zum Beispiel: »Aggressive Gefühle wie Wut und Hass gehören zur Trauer dazu und können gegen den Verstorbenen, die eigene Person, den ›Rest der Welt‹ wie auch gegen Gott gerichtet sein.«[1]

Aha. Die Fachleute können die Normalität meiner Beobachtung also bestätigen. Wut und Zorn – auch Gott gegenüber – sind zumindest nichts Ungewöhnliches! Es ist nicht weiter auffällig, manchmal mit Gott im Streit zu sein. Eine befreiende Erkenntnis fürs Erste.

»Aggressive Gefühle empfinden Trauernde als problematisch, da sie häufig als nicht angemessen empfunden werden; und es gibt wenige Trauernde, die diese Gefühle zugeben, geschweige denn ausleben.« Sag ich ja. »Hier brauchen Trauernde Entlastung, Hilfe und Ermutigung.« Verstehe.

Ich bin (noch) keine Trauerbegleiterin – meine Fortbildung dazu beginnt erst im nächsten Frühling. Die Hilfestellungen, die Trauergruppen oder eine individuelle Trauerbegleitung geben können, kann ich derzeit nicht bieten. Diese Leute sind (im seriösen Bereich!) ordentlich ausgebildet und verfügen über Methoden, besondere Kompetenzen und entsprechende Rahmenangebote, in denen die Trauer einen angemessenen Platz findet. Ich denke, dass ihre Arbeit oft ein Segen ist.

Ich bin keine Trauerbegleiterin und bin es doch.

Ich lebe auf ein und demselben Planeten mit Menschen, die – weswegen auch immer – traurig sind. In meinem Freundes- und Bekanntenkreis, in meinem Arbeitsumfeld oder meiner Verwandtschaft begegne ich immer wieder Menschen, die in großer und tiefer Traurigkeit leben. Und ich bin ihnen eine Begleiterin, ob ich will oder nicht.

Der Unterschied zwischen mir und einer ausgebildeten Trauerbegleiterin wäre momentan wahrscheinlich, dass sie konkrete Hilfe anbieten kann, die beim Weiterkommen innerhalb des wie auch immer gearteten Trauerprozesses unterstützt. Das kann ich nicht.

Aber eine Möglichkeit steht mir jetzt schon zur Verfügung: Ich kann versuchen, mich in Gegenwart der Traurigen nicht wie eine Idiotin zu benehmen. Aus dem Kontext gerissene Hiob-Zitate rauszuhauen oder den im Raum stehenden Elefanten hysterisch wegzukichern. Ich will nicht auf Rechtsanwältin Gottes machen oder predigen, dass am Ende alles wieder gut wird, wenn ich nicht sicher sein kann, dass das stimmt.

Ich kann nicht helfen und kann es doch. Vielleicht helfe ich am meisten, indem ich versuche, es nicht zu tun … Ich meine nicht die unterlassene Hilfeleistung im Sinne von ignorieren und weglaufen. Ich meine das im Sinne von »das Problem zulassen«. Vielleicht stimmt der Begriff »unterlassene falsche Hilfeleistung«. Eine Idee, der ich weiter folgen will …

Ich muss an dieser Stelle an mein Kollegium im Hospiz denken. Ein Teil ihres Könnens besteht im Unterlassen. Einen Teil ihrer Arbeit bildet es, die »kurative Therapie« zu unterlassen. Die künstliche Lebensverlängerung ebenso. Das heißt, sie machen nicht auf Heilung. Auf »wird schon wieder«. Sie lassen die jeweilige Krankheit ihr (bereits gewonnenes!) Spiel zu Ende bringen. Sie lassen den Tod geschehen. Ganz schön hart eigentlich. Aber in dieser vermeintlichen Härte stecken mehr Zärtlichkeit und Menschenliebe, als man zunächst denkt. Und das Unterlassen macht auch noch deutlich mehr Arbeit als das Weitermachen wie bisher. Darüber wissen meine Hospizkollegen aus der Pflege ausführlich zu berichten.

Ich gebe mal ein kurzes Beispiel: Wenn ein Sterbender keinen Durst mehr entwickelt, wird – sofern kein anderslautender Wunsch besteht – die Gabe von Flüssigkeit eingestellt. Wer keinen Durst hat, verdurstet nicht. Der Körper durchläuft, sofern man seinen geänderten Bedürfnissen genügend Aufmerksamkeit schenkt, einen natürlichen Sterbeprozess, der in diesem konkreten Fall noch nicht mal besonders unangenehm oder qualvoll ist. Aber jetzt kommt's: In der Zeit, in der Pflegekräfte und Angehörige nichts zu trinken anreichen, können sie nicht etwa Däumchen drehen! Die Bedürfnisse des Sterbenden sind nach wie vor präsent – sie sind aber anders gelagert! Das Einstellen der Gabe von Getränken bedingt ein enorm gesteigertes Maß an Mundhygiene, Lippenbefeuchtung, Pflege der Schleimhäute und so weiter und so fort – das Sterben soll in Würde und möglichst angenehm verlaufen. Da ist eine große Menge an Aufmerksamkeit, Hilfsbereitschaft, Tun und Können gefragt.

Das Motto lautet: »Lasst sie. Aber lasst sie nicht allein.«

Lasst sie sterben. Aber lasst sie nicht allein.

Lasst sie weinen. Aber lasst sie nicht allein.

Lasst sie hassen. Aber lasst sie nicht allein.

Lasst sie nicht nachvollziehbare Entscheidungen treffen. Aber lasst sie nicht allein.

Lasst sie ein Problem haben. Aber lasst sie nicht allein.

Das Problem – nämlich dass der Gast unheilbar und tödlich erkrankt ist – wird in der palliativen Versorgung Sterbender zunächst einmal akzeptiert. Der Tod, das Sterben und die damit einhergehende Not sind grundsätzlich angenommen. Und nur aus dieser Haltung heraus kann in dieser Situation echte Hilfe erfolgen. Nur wer bereit ist, dem Tod direkt ins Auge zu schauen, kann mit klarem Kopf und ruhiger Hand helfen. »Erst« dann können die Morphinpflaster, die Narkotika, Barbiturate und der ganze Rest ihre segensreiche Wirkung voll entfalten.

Und ich kann noch eine Beobachtung machen: Diese hospizliche Akzeptanz des Todes – den ich für den Moment als Synonym für das Leid verwende – hat noch nicht einmal etwas damit zu tun, ob der Gast das genauso sieht. Manche Gäste weigern sich bis zum letzten Augenblick – und zwar völlig zu Recht! – ihren Tod einfach friedfertig zu akzeptieren. Das ist ihr gutes Recht, und die Aufgabe der Hospizleute ist es keineswegs, sie zu irgendwelchen vorschnellen Friedensverhandlungen mit Gott, dem Tod oder sonst wem zu überreden. Das Hospiz bietet hier auf emotionaler Ebene »nur«

einen freundlichen, aber bewertungsfreien Raum. Das muss man erst mal hinkriegen …

Es ist ein Raum mit genügend Platz für Zorn, für Wut, für Tränen, für Würde und Lachen, für Glauben, Hoffen und Resignieren. Man darf sein, wie man will. Und man muss es nicht in Einsamkeit sein.

Ich möchte aus dieser Haltung lernen. Ich möchte Probleme nicht mehr unsichtbar reden. Wenn nicht alles wieder gut wird, möchte ich auch nicht so tun. Das fällt mir eher schwer. Ich bin die mit der Sonnen- oder gerne auch Schokoladenseite. Ich hab's gerne schön. Ich werde immer ein halb volles Glas sehen, daran kann und werde ich nichts ändern. Ich liebe Geschichten, die gut ausgehen, und werde mir immer ein gutes Ende wünschen.

Ich lobe die Medizin und die Psychologie und all ihre heilenden Kräfte.

Ich lobe die ausgezeichnete Versorgungslage in unserem Land.

Ich lobe das Leben und alles Lebensfördernde.

Und ich lobe den Gott, von dem ich glaube, dass er Wunder wirken kann.

Aber niemals soll mein Lob zulasten meiner Aufmerksamkeit für diejenigen gehen, für die eben nicht alles wie erhofft endet. Die ohne Wunder, ohne Heilung und ohne Hoffnung zurechtkommen müssen. In den Zeiten und an den Orten, wo alles furchtbar ist, will ich Akzeptanz üben. Ich werde üben – nicht immer können. Und während ich mühsam übe, werde ich nach Ventilen für den dabei entstehenden Herzens- und Seelendruck suchen.

5
Hiob und der innere Karfreitag

Zur Linderung (nicht zu verwechseln mit der Beseitigung!) von Seelendruck hilft mir oft die Musik. Vor allem dann, wenn ich sie konsumiere, anstatt selbst aktiv zu sein. Bei besonders schwerwiegenden inneren Baustellen darf sie auch gern ein bisschen fremdartig daherkommen. So wie guter Jazz zum Beispiel. Auch ungewöhnliche Harmonien aus anderen Kulturkreisen können mir guttun. Weil die Musik – besonders dann, wenn ich ihr auf logischer Fährte nicht folgen kann – andere Kanäle speist und anzapft, als mein Gehirn es je könnte, hilft sie. Der Kopf hat Pause und das Herz wird durchgelüftet.

Manche Menschen finden Unterstützung in der Natur. Die Majestät der Berge kann zum Beispiel dazu beitragen, die eigenen Prioritäten neu zu sortieren. Ein strammer Nordseewind kann Kopf und Herz sauber pusten. Es kann guttun, besondere äußere Eindrücke wahrzunehmen.

Und auch manche Ausdrucksformen, die von innen kommen, können Linderung bringen. Das kann zum Beispiel die Kunst sein. Malerei, Gesang, Tanz. Es gibt noch vieles mehr, was der Seele eine Stimme verleiht.

Die Kunst kann was. Vor allem dann, wenn sie nicht zielgerichtet oder unter Vorgaben passieren muss. Wenn sie destruktiv, verstörend und hässlich sein darf. Ich frage mich, ob Kunst, die in dieser Freiheit entsteht, vielleicht sogar einen besonderen künstlerischen Wert hat. Notiz an mich selbst: Ich sollte unbedingt mal wieder ins Museum gehen …

Eine der urgewaltigsten und unmittelbarsten Ausdrucksformen, die uns im Leid zur Verfügung steht, ist aber wahrscheinlich die Klage. Und damit ist nicht so etwas gemeint wie eine Beschwerde übers Wetter. Wie eine ordentliche Klage aussehen kann, zeigt mir zum Beispiel Hiob aus der Bibel. Bei Hiob wird in der tiefsten Not insgesamt relativ viel geschrien. Der Tag der eigenen Geburt wird verflucht. Der eigene Tod wird herbeigesehnt. Gott wird angebrüllt und unter Tränen beschimpft. Die Freunde von Hiob zerreißen ihre Klamotten und bewerfen sich mit Asche, während Hiob sich krankheitsbedingt seine eigene Haut mit einer Scherbe vom Fleisch kratzt. Zurückhaltung sähe anders aus.

Ich im Hier und Heute würde das wahrscheinlich nicht genauso machen. Ich schächte ja auch keinen Hammel, wenn ich meine Freunde zu einer Party empfange. Was ich aber erleichtert und interessiert zur Kenntnis nehme, ist die Selbstverständlichkeit der himmelschreienden und lautstarken Beschwerde, die an Gott adressiert ist. Am Ende sind Hiob und Gott sogar wieder Freunde.

Kaum vorstellbar, aber: Um Gottes Fähigkeit, meine persönliche Wut und meine ungeschönte Klage auszuhalten und mich trotzdem gern zu haben, muss ich mir offensichtlich keine Sorgen mehr machen. Gott hält das aus.

Und seine Leute? Wie schlagen die sich – oder besser: Wie schlagen WIR uns, wenn die Stimmung sinkt und der Zorn wächst?

Herzliche Einladung zum Wut-Gottesdienst

Die Frage ist natürlich nicht besonders gut gestellt. Ich kann und werde selbstverständlich keine Aussage über »die Gemeinden« oder »die Kirche« treffen. Weil das nicht möglich ist.

Zum anderen können wir Gottesleute nie mehr sein als maximal eine kleine und trübe Reflexion der Größe, Macht und Güte Gottes. Wir dürfen also erst einmal davon ausgehen, dass wir sowieso die Hälfte nicht wie gewünscht hinkriegen. Wer Gott zum Vorbild hat, sollte üben, gnädig mit sich selbst zu sein. Aber ich habe ehrlich gesagt lieber ein riesig großes Vorbild als gar keine Richtung, in die ich gehen kann.

Also, sosehr ich es auch dieses Mal wieder vermasseln werde, göttlich gut zu sein: Ich motiviere mich und uns und erzähle eine kurze Geschichte, die mich auf Umwegen auf eine Idee gebracht hat ...

Vor Jahren saß ich mit einem lieben Freund an der Planung eines gemeinsamen Konzertes. Wir hatten beide im Vorfeld verschiedene Lieder ausgesucht, die uns gut gefielen und die wir schon immer gerne mal spielen bzw. singen wollten. Für diesen ersten Planungsschritt machen wir uns nie eine stilistische Vorgabe, sondern wir wünschen zunächst mal ins Blaue hinein.

Wir hatten also einen recht bunten Haufen Musik vor uns liegen und versuchten, daraus ein großes Ganzes zu formen. Ich weiß nicht mehr, welches Lied es war, aber es gab ein ganz bestimmtes Stück, an dem sich unsere Geister schieden. Wir beide liebten es – ich glaube, weil es so herrlich laut und brachial daherkam. Aber ich konnte mir einfach beim besten Willen nicht vorstellen, dass ein wie auch immer geartetes Publikum es an dieser Stelle auch mögen würde ...

Ich war hin- und hergerissen. Sollte ich mir selbst einen Spaß gönnen oder doch lieber dem Publikum entgegenkommen? Wohlgemerkt nur ahnend, was dieses vielleicht mögen könnte …

Meine Freunde sind ja nicht grundlos meine Freunde. In seiner weisen und schnörkellosen Art machte mein Musikfreund einen Vorschlag, der mich bis heute in den verschiedensten Lebensbereichen begleitet und inspiriert:

> »Wir machen jetzt erst mal das, was wir können und gut finden. Und wer möchte, darf das dann mit uns gemeinsam gut finden.«

Die Setlist-Frage war gelöst. Das Publikum sollte kurz darauf gemeinsam mit uns tanzen und feiern. Und ich war mal wieder ein bisschen schlauer geworden.

Ich stelle mir vor, dass so oder so ähnlich die Trostgottesdienste entstanden sind. »Wir machen jetzt erst mal das, was wir können und gut finden. Und wer möchte, darf das dann mit uns gemeinsam gut finden.«

Was wir Christen anbieten können, ist unter anderem Trost. Gott war so freundlich, uns gute Argumente für die Hoffnung zu liefern. Wir dürfen uns besonderer Verse und Zusagen bedienen und diese ins traurige Dunkel unserer Mitmenschen tragen – sofern sie das wünschen und zulassen. Wir können anbieten und wir tun es auch. Gott und seinen Leuten sei Dank dafür!

Wir Christen schaffen es, den Trostsuchenden eine Plattform zu bieten. Mit Liedern, aufbauenden Bibelversen und verschiedenen anderen Bausteinen liefern wir ein Angebot, das in der Lage ist, diejenigen abzuholen, die getröstet werden können und möchten.

Aber Trost und Hilfe sind nicht immer dasselbe. Das sind, um genau zu sein, zunächst einmal zwei komplett unterschiedliche

Dinge. Hilfe geschieht nicht immer in Form von Trost und nicht immer ist Trost eine Hilfe.

Was passiert mit den Untröstlichen? Wo bleiben die, die am Ende des Trostgottesdienstes keine neue Hoffnung schöpfen konnten? Ich vermute: Sie bleiben so ziemlich überall – aber nicht in der christlichen Gemeinschaft, falls diese nichts anderes als Trost zu geben bereit ist …

Hart für uns aber: NUR die Trauernden selbst können am Ende des Gottesdienstes (oder der Seelsorge, der Lesung oder des Kirchenkaffees …) bestenfalls sagen, dass sie getröstet sind. Wir können nicht behaupten, dass sie es sind.

»Sei getröstet.« Quatsch!

»Heute wieder 127 Traurige getröstet!« Auch Quatsch!

Es bleibt uns lediglich übrig, ein Angebot zu machen – ob das Angebot angenommen wird und dann auch noch seine Wirkung entfalten kann, liegt nicht in unserer Hand.

»… und wer MÖCHTE, kann das dann mit uns gemeinsam gut finden.«

Und was, wenn die Seele des anderen im Moment nicht getröstet werden möchte? Was, wenn unser Trost verdunstet, bevor er im Herzen unserer Mitmenschen landen kann? Haben wir als Gemeinschaft von Gläubigen in diesen Momenten noch Chancen, auf die Traurigkeit unserer Mitmenschen zu reagieren? Ich glaube ja – und frage weiter. Muss ein Gottesdienst eigentlich immer konstruktiv sein? Immer in Richtung »besser« führen? Muss am Schluss immer der innere Ostersonntag stehen?

Es wäre schlimm, wenn das so sein müsste. Weil es nämlich meiner Meinung nach eher selten wirklich so kommt. Wenn Gott es will, dann kommt der Ostersonntag in die Herzen der Untröstlichen, daran glaube ich fest. Aber reist der Sieg der Hoffnung immer bis zum Ende des Lobpreisblocks an? Sicher nicht.

Wir Christen simulieren die Trauer in öffentlicher Form (die sogenannte »Draußentrauer«) jedes Jahr aufs Neue am Karfreitag. Wir stellen uns die Dunkelheit und Gottesferne und die Angst vor, so gut wir können. Wir sprechen und predigen darüber, essen nur bestimmte Speisen, lachen nicht so laut, tanzen eher ungern und lassen es uns mal so richtig schlecht gehen.

Aber insgeheim wissen wir ja zum Glück schon, dass all das nur bis übermorgen dauert. Wir kennen bereits das Ende der Geschichte. Und wir wissen, dass es ein gutes Ende ist. Und dass wir dann das Leben und den Sieg des Guten mit Schokoeiern und Lammkarree feiern können. Ich finde Ostern prima! Wegen des Happy Ends!

Wenn aber das Happy End in unserem Leben – in jedem Fall und immer – genau übermorgen an der Türe klingeln würde, würde ich dieses Buch nicht schreiben. Und ihr, geschätzte Mitreisende, würdet es nicht lesen.

Dass das an den Ur-Ostertagen so laufen würde, war übrigens auch nicht von vornherein für alle klar. Die Jesusfreundinnen und -freunde aus der Originalgeschichte wussten nicht, dass der Karfreitag »nur« der Karfreitag ist. Dass »jedes Grauen nur bis zum dritten Tag« dauert. Sie mussten ihre Trauer nicht simulieren. Sie glaubten wirklich, dass alles vorbei ist. Hoffnungslos, ohne Perspektive. Tatsächliche Verzweiflung ohne Aussicht auf Licht am Ende des Tunnels.

Ich denke, dass es manchen meiner Mitmenschen vielleicht so ähnlich geht. Und das Beängstigende ist: Der innere Karfreitag kann manchmal tatsächlich sehr viel länger dauern als bis übermorgen und ist einfach erst mal das, was er ist: Angst und Gottesferne und Dunkelheit. Keine Zukunft, keine Hoffnung. Es würde sich für mich sehr dumm anfühlen, den Menschen in dieser Situation vom Happy End vorzuschwärmen und ihnen sinnbildlich von meinem neusten Hefezopfrezept zu erzählen.

Ich möchte die Trauernden und ihre Gefühle schätzen und ernst nehmen und ich möchte auch und insbesondere die Untröstlichen respektieren. Und ihnen – inspiriert von der Hospizbewegung – einen freundlichen, aber bewertungsfreien Raum für ihre Gefühle und deren Ausdruck geben.

»Lasst sie untröstlich sein. Aber lasst sie nicht allein.« Das soll ab sofort gelten und ich möchte es ab heute praktizieren. In meinem Herzen, in meiner Küche und gerne auch in der Kirche oder im Gemeindehaus. Ich bleibe eine große Freundin von Trostgottesdiensten. Wir bieten an – wer will, macht mit. Ich wünsche mir, dass wir diese Flagge groß an unsere Herzen und Häuser hängen würden. Damit alle sie sehen können: »Trost kostenlos abzugeben!«

Aber zusätzlich wünsche ich mir Wutgottesdienste! »Wer wütend auf Gott sein will, darf es hier!« Dieses Motto soll ab sofort in meinen Beziehungen und meinem Zuhause gelten! Gott kommt damit klar. Da bin ich sicher.

Man muss es ja nicht so martialisch betiteln, falls das zu Irritationen bei der Gemeindebrieflektüre führt. Jeder nenne das Kind, wie er oder sie will. Aber ich wünsche mir von und für uns Christen: Lasst uns Klagetreffen veranstalten! Ohne Halleluja am Schluss! Wenn Gott es will, wird er das Halleluja schon zu gegebener Zeit wieder in die Münder und Herzen der Unglücklichen legen. Diesen Job müssen wir nicht für ihn erledigen.

Wenn die Untröstlichen nicht bei und mit uns klagen können, werden sie es woanders tun. Das sollen sie natürlich gern machen – ich möchte ja auch nicht alles, was ich so tue, im Gemeindehaus tun. Aber wir Gottesgläubigen, wir mit dem Missionsbefehl und dem manchmal überzogenen Sendungsbewusstsein, wir wären dumm, den Untröstlichen keinen Raum anzubieten!

Ich glaube, wir haben mit Klagepsalmen und Konsorten ein echtes Angebot parat. Und ich glaube, dass wir zu einem Gott beten, der uns liebend aushält, duldet und erträgt. Auch dann, wenn uns das Lob im Hals oder noch tiefer unten stecken bleibt.

Ich wünsche mir, dass wir gemeinsam üben, ebenso auszuhalten, zu dulden und zu ertragen. Und zwar ohne ein vielleicht nur relativierend gemeintes Anstands-Gotteslob nachzuschieben.

Gott freut sich über Lob und er verdient es auch – da sind wir uns einig. Aber ich glaube nicht, dass er es besonders gut findet oder gar nötig hat, wenn wir uns verbiegen und quälen, nur weil wir Angst haben, dass er uns ansonsten nicht mehr mögen könnte.

Ich fühle mich jetzt etwas sicherer in meiner Beziehung zu dem Gott, an den ich nicht aufhören kann zu glauben. Wie man lobt und dankt, wusste ich schon länger, das mit der Klage und dem Zorn musste ich erst für mich durchbuchstabieren. Die Ahnung, dass ich nichts Falsches sagen oder tun kann in meiner Freundschaft mit ihm, befreit mich. Ich würde es nicht schaffen, ihm seine Liebe zu mir auszutreiben, selbst wenn ich es wollte.

Ich soll mir ja kein Bildnis machen. Könnte ich sowieso nicht. Meine Vorstellung von Gott wäre für so etwas Konkretes viel zu abstrakt. Aber wann immer ich zu ihm spreche, ob stumm oder laut, adressiere ich mein Anliegen in eine Richtung, die ich leise wittere.

Ich vermute dort Gott.

Gott

Gott ist die Liebe. Weiß ja jedes Sonntagsschulkind. Und ich glaube daran, dass es so ist. Aber Gott ist nicht nur die Liebe. Er ist noch mehr.

Ich denke, er ist auch fremdartig, unbegreiflich und geheimnisvoll. Seine Gedanken sind größer als meine. Wahrscheinlich sind es noch nicht mal Gedanken im herkömmlichen Sinn.

Mein Gottesbild hat sich in den letzten Jahren sehr verändert und es verändert sich immer weiter … Mittlerweile sehe ich (glücklicherweise) keinen alten Mann mehr, der es irgendwie nicht auf die Reihe bekommt mit dem Welthunger und so manch anderem …

In meinem Kopf ist Gott momentan eine Art Strom. Strom im Sinne von Mekong, Amazonas oder Nil. Ein Strom formt seine Umgebung, gibt Leben und hat unberechenbare Kraft. Ein Strom kann langsam und still fließen und im selben Moment an einer anderen Stelle wild tosen. Ein Strom ist schon ewig da und »wird« doch gleichzeitig in jedem Moment. Für mich ist Gott ein mächtiger Strom mit all seinen Geheimnissen, Segenskräften und unbekannten Tiefen.

Aber selbst wenn mein Verstand eine ernsthafte Chance bekommen würde: Er könnte die Größe und das Wesen Gottes nicht erfassen. Ich glaube nicht an ein durchschaubares und domestizierbares Schoßhündchen – ich erahne und erhoffe eine ernst zu nehmende Macht!

Ich beende meine Fragen nach Gottes Wesen und seinem Handeln vorerst hier: Gott ist nicht nur die Liebe. Aber er ist AUCH die Liebe. Und ich glaube, dass die Liebe mitweint. Im Angesicht des Leides möchte ich gemeinsam mit der Liebe weinen. Und die Fragen, die mir zu den Themen »Allmacht« und »Eingreifen« hier niemand glaubwürdig beantworten kann, hebe ich mir für später auf. Später im Sinne von Himmel. Besser weiß ich's nicht.

Erste Mutationen

Dass ich eines Tages öffentlich(!) positive Aussagen über Gott machen würde, war für mich vor noch nicht allzu langer Zeit unvorstellbar. Weil ich immer der Meinung war, dass das lieber andere machen sollten. Diejenigen, denen etwas Positives einfällt zum Beispiel. Oder die, die ihre Antworten auf die Theodizee-Frage schon so oft gepredigt haben, dass sie sie mittlerweile sogar selbst glauben.

Und auf einmal höre ich mich Gott wieder die Liebe nennen. Und rede von »uns Christen«. Ich staune über meine eigenen Worte, während ich sie schreibe. Und ich ahne, dass ich am Ende meiner großen Reise eine andere sein könnte als vorher. Oder vielleicht nicht eine andere, sondern noch mehr ich.

Ich werde da mal ein interessiertes Auge draufhalten und flüstere ein leise sympathisierendes »Hallöchen« in Richtung meiner neu kennengelernten Seiten …

6
Abschiedsgroßzügigkeit

Neulich im Hospiz

»Wer stirbt, hat recht!«, denke ich mantramäßig vor mich hin, während ich ansonsten voll mit Nicken und Lächeln ausgelastet bin. Ich sitze am Empfang im Hospiz und höre mir die Schimpftirade der Dame aus Zimmer drei an. »Das kann doch kein normaler Mensch erkennen!«, ruft sie und wedelt mit dem Zettel vor meiner Nase herum.

Das, was heute kein normaler Mensch erkennen kann, hatte ich vor zwei Tagen auf besagten Zettel geschrieben. Nach exakt formulierter Anweisung der Dame aus Zimmer drei. Weil den Vorgängerzettel ja kein normaler Mensch hatte lesen können. Den ich ebenfalls geschrieben hatte. Und zwar in Schönschrift. Mehrfach.

Dieselbe Begründung jedes Mal. Neuer Zettel, neues Glück.

Es ist der Zettel, auf dem ihre Termine für die Lymphdrainage notiert sind. Manchmal möchte sie das Datum zuerst notiert haben, an anderen Tagen muss der Wochentag vorne stehen. Mit Überschrift oder ohne (»Ich bin doch nicht doof, ich weiß doch, was für Termine gemeint sind!«) – die Uhrzeit ganz vorne oder lieber zuletzt – Möglichkeiten gibt es viele …

Ich stelle es mir gelinde gesagt spannend vor, mit dieser Frau verheiratet zu sein.

»Die Tage, an denen die Kerze brennt, sind immer besonders schlimm für sie...«, flüstert ein Pfleger mir etwas später im Vorbeigehen freundschaftlich zwinkernd zu.

Ach so. Stimmt. Heute ist wieder Kerzentag. Ein Gast ist verstorben und noch im Haus. Die Kerze brennt, bis der verstorbene Gast vom Bestatter abgeholt worden ist. Ja, wenn ich genau drüber nachdenke, sind die Terminzetteltage bisher immer auch Kerzentage gewesen.

Ich kann sie in Ansätzen verstehen, glaube ich. Meine spezielle Freundin aus Zimmer drei. Sie weiß, dass sie nicht mehr lange zu leben hat. Vielleicht noch ein paar Tage oder Wochen. Ihr äußerlich fitter Zustand täuscht. Und auch ihre laute und fordernde Art ist erst einmal nicht das, was man von einer Todkranken erwarten würde.

Sie lebt in einer Art Wohngemeinschaft mit Menschen, die genau wie sie, nicht mehr lange zu leben haben. Und wenn dann wieder einer der Mitbewohner den letzten großen Schritt getan hat, dann fragt sie sich, ob sie nun die Nächste sein wird. Ob und wenn ja, wie.

Sie will nicht gehen. Das formuliert sie sehr präzise. »Wenn ich nicht zum Arzt gegangen wäre, dann säße ich jetzt nicht hier. Sondern wäre einfach irgendwann ahnungslos tot umgefallen.« Ja, das kann sein.

Sie will nicht gehen. Sie will auch keinen Abschied. Und ich fühle – so gut ich kann – mit ihr, wenn sie das manchmal sehr, sehr laut ausspricht. Was sie will, sind Beruhigungsmittel. Und Vanilleeis. Und beides bekommt sie.

Als sie an diesem Kerzentag dem Pfleger im Vorbeigehen zuruft, dass sie gern »noch was für die Nerven« hätte, reagiert der wie immer freundlich und verspricht, in einer Minute bei ihr zu sein. Ob sie denn nicht eben erst etwas bekommen hätte, frage ich ihn leise, obwohl es mich eigentlich nichts angeht. Wir sind doch hier nicht bei Pillen-McDonald's, oder was … Aber der Pfleger zählt zu meinen Lieblingskollegen. Ich weiß, dass er gerne seine Arbeit erklärt, und er weiß, dass ich ihm gerne dabei zuhöre.

»Jepp, vor zwei Stunden die letzte Tablette …«, brummt er beim Blick in die Akte vor sich hin. Und erklärt mir dann, dass ich zum Beispiel weder sitzen noch in ganzen Sätzen sprechen würde, wenn ich einnehmen würde, was sie heute schon eingenommen hat. Sie hatte schon seit Jahren ihre ganz eigene Dosierung vorgenommen, sie wollte selbst bestimmen. So kennt sie es, so lebt sie. Mittlerweile bestimmen die Beruhigungsmittel über sie. »Entzug lohnt sich für unsere Gäste nicht mehr«, sagt mein Kollege. Ich starre ihn ungläubig an, und er erklärt, dass die sogenannte »Angst-Schmerz-Spirale« immer an zwei Stellen medikamentös unterbrochen wird. Zum einen beim Schmerz, zum anderen bei der Angst. Verstehe.

Schmerzen machen Angst und Angst verstärkt Schmerzen. Und weil meine Hospizfreunde den Tod ja bestmöglich gestalten helfen möchten, schießen sie an diesen zwei Stellen schon ziemlich scharf. Dass meine Zimmer-drei-Freundin schon seit langer Zeit Medikamente verschiedenster Art nimmt, erklärt wahrscheinlich ihre unglaubliche Kondition. Aber ob es denn wirklich okay sei, den Menschen so viele so starke Medikamente zu geben, frage ich ungläubig.

»Warum denn nicht?«, fragt er zurück.

Noch während ich irgendwas von Nebenwirkungen rede, dämmert mir, dass hier andere Maßstäbe gelten. Das ist er vielleicht. Der Unterschied zwischen palliativer und kurativer Behandlung. Wer noch 20 Jahre lang durchhalten will, sollte schon überlegen, was er sich in welcher Dosis geben lässt. Aber wenn der Tod schon an jedem Kerzentag aufs Neue im Vorbeigehen leise an die eigene Tür klopft, sind sowohl die Menge des Vanilleeises als auch die Anzahl der Beruhigungstabletten wirklich egal.

Es wird ja jeder auf seine eigene Art und Weise komisch, wenn es ihm nicht gut geht. Mancher kriegt es mit dem Zorn zu tun, andere fressen Gefühle, Worte oder Essen in sich rein. Einige lachen und singen noch lauter als sonst oder erstarren innen wie außen. Ich habe mal gehört, dass sich die Eigenschaften, die man ohnehin schon hat, in der Krise verstärken. Und ich glaube, dass das stimmt.

So verschieden wie die Menschen, sind eben auch die Reaktionen auf ein Problem. Weinen, Leugnen, Schimpfen, Schweigen, was auch immer. Und dann gibt es eben diejenigen, die mich und sich selbst mit Lymphdrainage-Terminzetteln in den Wahnsinn treiben möchten.

Meine Freundin, meine sterbende und schimpfende Lehrerin und Schwester aus Zimmer drei. Da steht sie dann, beginnt plötzlich zu weinen und fragt aus dem Nichts heraus: »Und wann kann ich endlich gehen?«

Da steht sie und schimpft über das Personal, ihren Mann oder das Essen. Und jetzt steht sie eben hier vor mir und versucht, wenigstens über ihre Lymphdrainage-Termine ein letztes bisschen Kontrolle zu behalten. Sie will noch sehr genau bestimmen, was sie bestimmen kann.

Ich kann das eigentlich gut aushalten und ich tue es gern. Klar, ich sitze ja auch auf der angenehmen Seite des Empfangstresens. Wenn ich als Gast im Hospiz sein müsste, wäre ich sicherlich auch alles andere als ausgeglichen.

Wer stirbt, darf komisch sein bei mir. Wer stirbt, darf Angst haben und kopflos durch die Gegend laufen. Und freundlich sein muss er wegen mir auch nicht.

Ja, den Sterbenden kann ich fast unbegrenzte Boni zusprechen. Im Angesicht des Todes relativiert sich doch vieles. Und wenn es denn hilft, die wenigen eigenen, noch verbleibenden Termine im Leben klar und in Schönschrift vor sich zu sehen, dann bitte schön.

Wenn ich einem Sterbenden helfen kann, indem ich vermeintlich sinnlose Sekretariatsaufgaben erledige, dann will ich das gerne machen. Dann darf man mich sogar nachts um vier wecken und ich werde zwanzig verschiedene Abschriften des Terminzettels anfertigen. Ich habe eine Chance, auf diesem Weg dem namenlosen Leid entgegenzutreten, das mich sonst schon allzu oft sprachlos und starr hat stehen lassen. Und ich habe außerdem eine Chance, mein Herz weich zu halten. Indem ich großzügig »Na und?!« denke und fünf gerade sein lasse.

Erziehung an meiner Umwelt

Neulich ist mir eine Freundin mal so richtig blöd gekommen. Hat sich in Themen eingemischt, die sie nichts angehen, und Dinge gesagt, die mich gekränkt haben. Die blöde Kuh.

Ich war echt sauer. Böse und beleidigt. Meine Strafe bestand in einer wochenlangen Funkstille. Weil ich wusste, dass das für sie die Höchststrafe bedeutet. Schweigen. Gekränktes, eisiges Schweigen. Schreien und Tosen wären ihr lieber gewesen, das wusste ich genau – aber weil ich Lust hatte, mal so richtig Kante zu zeigen, habe ich das für sie schlimmste Verfahren gewählt. Nicht mit mir! So nicht! Das sollte sie sich mal schön merken!

Ja, ich erziehe mir meine Umwelt gerne so, wie ich sie haben möchte. Zumindest versuche ich das. Mit mäßigem Erfolg, wie ich leise befürchte. Ich möchte, dass die Welt weiß, was sie mit mir machen kann und was nicht. Ich möchte meinen Glaubensgeschwistern gern beibringen, dass ich nicht »Bruder« genannt werden will. Unser Paketbote soll sich bitte merken, dass ich nicht auf Rufen am Kinderzimmerfenster, sondern lieber und wesentlich freundlicher auf Klingeln an der Haustür reagiere. Mein Mann soll seine Wäsche bitte an entsprechender Stelle ablegen und nasse Handtücher auf die Heizung hängen! Ich erziehe, markiere Grenzen, schiebe Riegel vor und benenne sehr genau, wo nun eben Schluss ist.

Und ich gefalle mir in dieser Rolle. Ich bin gerne die selbstbewusste Frau von heute, die keine Angst davor hat, den Mund aufzumachen. Und ich bin sehr dankbar dafür, dass ich in einer Zeit und einem Teil der Welt lebe, in dem ich das alles genau so machen kann und darf.

Aber es gibt überraschend große Ausnahmen in meiner Erziehungstätigkeit. Wenn mein Gegenüber zum Beispiel eine Chemoglatze hat, kann ich die Erziehungsimpulse auf einmal komplett über Bord werfen. Er darf schreien, heulen, lauthals im Unrecht sein. In Anbetracht dessen, dass ich diese Person vielleicht heute zum letzten Mal sehe oder spreche, kann ich die strenge »Nicht mit mir«-Tante komplett wegpacken. Verrückt.

Wäre meine Freundin (die, die ich neulich erziehen zu müssen glaubte) schwer erkrankt, hätte ich ihr ihre Ansprache wahrscheinlich kein bisschen krummgenommen. Im Gegenteil: Ich hätte sie bestimmt sofort fest in den Arm genommen und ihr unter Tränen gesagt, dass ich sie vermissen würde, wenn sie irgendwann nicht mehr so einen Käse erzählen kann …

Wer stirbt, hat nicht immer recht – aber ich für meinen Teil kann sehr viel großzügiger in meiner kopfinternen Rechtsprechung sein. Und das ist kein Kunststück, das nur ich allein beherrschen würde. Es fällt vielen von uns instinktiv leicht, gnädig mit Sterbenden zu sein.

Aber was wäre, wenn wir alle Sterbende wären? Die einen nur etwas näher dran als die anderen. Wenn wir alle vom Moment unserer Geburt an unterwegs in Richtung Tod wären. Was wäre dann?

Wenn der Tag kommen würde, an dem wir uns gegenseitig zu Grabe tragen müssten. Vielleicht nicht morgen oder nächstes Jahr. Aber früher oder später eben doch. Wenn ich mich jetzt fragte, welche Blumen ich zur Beerdigung meines besten Freundes aussuchen würde – wie würde ich ihm bei unserer nächsten Begegnung gegenübertreten? Ich würde ihn besonders lange umarmen, glaube ich. Ich wäre großzügiger mit ihm, mit mir, mit uns allen.

Aber warum komme ich immer erst dann darauf, wenn es schon zu spät ist? Wieso warte ich mit dieser Großzügigkeit immer so lange, bis wir alle geschockt, ängstlich oder traurig sind? Kann ich das nicht einfach in die guten Zeiten übertragen?

Was, wenn wir nicht erst eine schwere Krankheit abwarten müssten, um bei unseren Mitmenschen mal fünf gerade sein zu lassen?

Klar, ich höre schon einige von uns rufen, dass die Welt nicht mehr nach vorne käme, wenn wir uns alle nur noch zum Sterben und Lächeln aufs Sofa legen würden. Das stimmt.

Wir sind zwar alle Sterbende, aber ich möchte nicht vergessen, dass wir auch Lebende sind. Zusammenleben braucht gewisse Regeln, Diskurse und No-Gos – ganz sicher! Die Regeln eines guten Sterbens lassen sich nicht zu hundert Prozent auf das Leben anwenden. Es wäre bestimmt den wenigsten von uns damit gedient, wenn wir ab sofort damit beginnen würden, Morphium zu nehmen, als gäbe es in der Wirklichkeit kein Morgen mehr.

Aber die Großzügigkeit, die ich im Umgang mit Sterbenden zeige, will ich für alle meine Lebensbereiche trainieren. Das Nachgeben, das Weichsein, dieses Nicht-krumm-Nehmen. »Ist doch nicht so wichtig, wer weiß, ob wir uns noch einmal wiedersehen.«

Jetzt will ich mich zur Abwechslung selbst erziehen. Die anderen haben an dieser Stelle große Pause.

Großzügig ist gut, denke ich. Großzügig macht weniger verhärmte Fältchen um den Mund. Die Welt würde vielleicht ein bisschen weicher, wenn ich etwas mehr Abschiedsgroßzügigkeit im Sinn hätte. Wenn ich öfter mal nicken und ehrlich lächeln würde.

Vielleicht müssen Menschen nicht erst eine Chemoglatze haben, damit ich ihnen großzügig gegenübertreten kann. Vielleicht muss der Tod nicht erst an der Tür klopfen, damit ich verstehe, dass die Gemeinschaft miteinander mehr zählt als mein persönlicher Stolz. Ich möchte nicht als einsame Oberlehrerin enden.

Ich möchte – vor allem in schlechten Zeiten – in einer Gemeinschaft leben, in der ich dummes Zeug reden und komisch sein darf. Und ich möchte Teil einer solchen Gemeinschaft für andere sein. Das, was ich meiner Umwelt ab heute beibringen möchte, ist nicht, wo meine Grenzen sind oder wie mein Wille aussieht. Was meine Umwelt von mir lernen soll, ist, dass das Leben nicht nur furchtbar und schwer ist. Es gibt nicht nur Krankheit. Es gibt sie – aber es gibt nicht NUR sie. Es gibt auch Vanilleeis. Und Menschen mit geduldigen Ohren und einem ehrlichen Lächeln.

Guter, neuer Lehrplan. Jawohl.

Und während ich eigentlich genau das Gegenteil im Sinn hatte, habe ich mit diesem Kapitel schon wieder versucht, meine Umwelt zu erziehen. Und zwar zur Abschiedsgroßzügigkeit. Am liebsten natürlich mit mehr Großzügigkeit als Abschied. Tja.

Der Tod hat nicht nur den Abschied im Gepäck. Er lässt mich auch über Gnade und Vergebung nachdenken.

7
Mal angenommen …

Mal angenommen, du hättest Gnade und Vergebung nötig. Also so richtig nötig. Nicht nur so nötig, wie wenn du die Halbwahrheit gesagt hast oder den Hintern deiner Kollegin zu dick findest. Sondern so RICHTIG nötig.

Mal angenommen, du hättest den Tod eines anderen Menschen herbeigeführt. Nicht den Tod eines stadtbekannten Pädophilen, den sowieso keiner leiden kann. Sondern den Tod deines eigenen Kindes.

Mal angenommen, du hättest dein Kind abgetrieben. Weil es zur falschen Zeit am falschen Ort war.

Mal angenommen, du wärst der Meinung, dass du einen riesigen Fehler gemacht hast.

Mal angenommen, du hättest deine persönliche Bekanntschaft mit dem Tod gemacht, und jetzt hättest du Gnade und Vergebung nötig …

David und Anni

Ich habe das Bedürfnis, sehr, sehr leise zu sein. Hier steht irgendetwas im Zimmer, das ich sehr gruselig finde. Eine beängstigende, drückende Enge irgendwie. Ich klimpere verlegen mit dem Stift an meiner Untertasse herum.

Es ist still hier.

Zu still für ein Zimmer, in dem drei Personen zusammensitzen. Warum wir hier sitzen, wissen wir alle. Und dass dieses Treffen sich momentan als dumme Idee präsentiert, denken wir vermutlich ebenfalls alle. Was tun, wenn der Kaffeeklatsch mit Käsekuchen in einen tiefen, dunklen Abgrund geraten ist?

»Am liebsten leise verschwinden ...«, denke ich still.

Der Tod ist mehr als Krankheit, Unfall und Trauer. Er kann auch mit der Schuld verwandt sein. Und mit Scham. Mit Schmutz und Sünde.

Natürlich heißen David und Anni nicht David und Anni. Der große Fehler der beiden liegt nun schon einige Jahre zurück. Es ist schon eine Weile her, dass sie sich zur Abtreibung entschlossen haben. Aber es geht ihnen noch immer kein bisschen besser damit als unmittelbar am Morgen danach.

Im Gegenteil.

»Die Zeit heilt genau gar nichts«, denke ich still. Ich glaube, sie dient bestenfalls dazu, das Überschminken zu trainieren.

Das erste Kind der beiden – mittlerweile in der Schule – hatte es ihnen nicht leicht gemacht. Anni war körperlich und psychisch bis aufs Zahnfleisch erschöpft. Der Kleine konnte nicht länger als zwei Stunden am Stück schlafen, das komplette erste Jahr lang. Sie hatte keine Zeit gehabt, sich von der für sie traumatischen Geburt zu erholen. Ihre Geburtsverletzungen waren auch nach mehr als einem Jahr nicht richtig verheilt. Und darüber, wie im Kreißsaal vier Erwachsene auf ihr lagen, um ihren Sohn aus ihr herauszuquetschen, kann sie bis heute nicht gut sprechen.

Es war keine schöne Zeit, ihre Zeit als junge, kleine Familie. Sie war eigentlich nur furchtbar. Anni verschwand immer mehr. Wurde immer schmaler, immer leiser. Ihre Mimik fror ein, sie funktionierte nur noch.

David sorgte sich um sie. Und er sorgte sich um das neu gebaute Haus. Um die zu zahlenden Raten. Jobbte neben seinem regulären Beruf auf 400-Euro-Basis, damit Anni sich wenigstens um das Geld keine Sorgen machen musste. Aber bei aller Anstrengung schaffte er es nicht, sie zu beruhigen oder überhaupt zu erreichen.

Die beiden redeten immer weniger, merkten dabei selbst, wie ihre kleine Familie zu zerbrechen drohte. David lag aus Sorge nächtelang wach. Anni hatte sowieso nie länger als zwei Stunden Ruhe. Schweigen und Augenringe. Das waren die Säulen ihres gemeinsamen Lebens geworden.

»Normale Anstrengungen der Jungfamilie«, könnte man sagen. »Das haben Generationen vor uns auch irgendwie gestemmt.« Richtig. Ich sehe das auch so. Keine Begründung, keine Rechtfertigung. Nur eine Vorgeschichte.

Dass sie überhaupt miteinander geschlafen hatten, fiel schon in den Bereich der schicksalshaften Zufälle. Sie hatte sich aus schlechtem Gewissen dazu überreden lassen. Anstandssex um des lieben Friedens willen. Es musste flott gehen. Erstens wegen des Kleinen, der sich sicher bald wieder melden würde. Zweitens weil sie beide todmüde waren und hofften, nach dem Sex noch ein bisschen besser in den Schlaf oder wenigstens zur Ruhe zu finden. Mittel zum Zweck.

Und während sie ihre üblichen Stellungen durchgingen und dabei über anderes nachdachten, wurde im Himmel ein Name ausgesprochen. Ein Name, den sie selbst zunächst nicht kannten und zu dem sie niemals das Gesicht sehen würden. Während sie sich durch ihr Leben und durch den Vollzug ihrer Ehe quälten, wurde im Himmel der Name ihres zweiten Kindes ausgesprochen.

Sie war so fertig, dass sie erst in der 10. Schwangerschaftswoche bemerkte, dass ihr Körper irgendwie anders drauf war. Als sie von ihrer Frauenärztin auf dem Bildschirm das bereits schlagende Herz gezeigt bekam, drehte sie komplett durch. Vor Verzweiflung. Nicht aus Freude. Ein Nervenzusammenbruch, wie ihn eine Gynäkologie-Praxis zwar immer mal wieder, aber Gott sei Dank nicht täglich miterlebt. Die Sprechstundenhilfe erreichte David auf der Arbeit und er kam so schnell er konnte, um sie abzuholen. Im Gespräch mit den beiden erwähnte die Ärztin, dass es die Möglichkeit eines Schwangerschaftsabbruchs gäbe.

Anni sprach nicht. Nachdem sie auf dem Heimweg im Auto einmal zu David gesagt hatte, dass »es wegmuss«, verstummte sie.

Er hätte gern geredet, noch einmal in Ruhe gemeinsam über alles nachgedacht. Verrückt herumgesponnen und frech gefragt, ob das Chaos denn mit einem zweiten Kind wirklich noch größer werden könne, als es ohnehin schon war.

Aber sie konnte nicht. Sie konnte nicht über diesen zappelnden Punkt auf dem Ultraschallmonitor sprechen. Sie konnte diese Muskelkontraktion nicht Herzschlag nennen. Sie konnte die Worte »mein Kind« nicht aussprechen. Es ging einfach nicht.

Und so war David allein mit sich.

Und Anni war allein mit sich.

Beide zusammen allein.

Vielleicht hätte ein verzauberter Funke, der von dem einen zum anderen gesprungen wäre, den Fehler verhindern können, denke ich. Und auch sie werden sich für immer fragen, ob dann alles besser gelaufen wäre.

Davids Schwester hatte ihm Geld geboten. Wenn sie nur nicht abtreiben würden. »Wir helfen euch, wir schaffen das gemeinsam!

Ihr bekommt von uns, was ihr braucht!« Und David war innerlich gewachsen und stark geworden und er hatte seiner Schwester versprochen, dass sie es nicht tun würden. Dass sie einfach nicht hingehen würden zum Termin in der Klinik. Er würde Anni schon überzeugen, würde ihr sagen, dass das alles irgendwie gut gehen würde.

Und Anni? Anni brachte das Beratungsgespräch hinter sich, besorgte alle nötigen Zettel und quartierte den Kleinen für den Nachmittag bei ihren Eltern ein. Sie sagte ihnen nicht, warum. Sie sprach nicht. Zumindest nicht über das Kind in ihr.

In ihrem Inneren betete sie stumm um jemanden, der kommen würde und sie glaubhaft davon überzeugen könnte, dass sie es schon schaffen würden. Jemanden, der ihr sagen würde, dass das Herz ihres Kindes in ihr schlägt und dass sie als Mutter stark genug sein würde, um beide Kinder groß zu kriegen. Sie hoffte auf ein Wunder, das David vor dem Ausbrennen und sie vor diesem gruseligen Arztzimmer bewahren würde.

Und David kam nach Hause zu Anni. Er kam direkt von seiner Schwester. Mit wildem Mut und Enthusiasmus.

Und dann stand er vor ihr und dachte, dass er seine Frau nicht so unter Druck setzen dürfe. Dass es ihr Körper ist. Und dass er ihre Entscheidung zu respektieren hätte.

Und er dachte, sie wollte es so, und fragte deshalb: »Fahren wir?«

Und sie dachte, er wollte es so, und sagte deshalb: »Fahren wir.«

Und Davids Schwester fragt sich bis heute, ob sie hätte mehr Geld bieten sollen. Ob sie hätte vehementer sein müssen. Sie fragt sich, was sie hätte tun können, um nicht heute ihrem Bruder bei dessen Selbstzerfleischung zusehen zu müssen.

Und David fragt sich, ob es denn falsch war, seine Frau entscheiden zu lassen. Er grübelt darüber, ob er ein besserer Vater und Ehemann gewesen wäre, wenn er einfach das Ruder übernommen hätte an diesem Tag. Und er hofft, dass seine Frau ihn nicht so sehr hasst, wie er sich selbst.

Und Anni glaubt, dass ihr zweites Kind ein Mädchen war. Mütter spüren so etwas manchmal. Auch dann, wenn sie glauben, nichts von dem ungeborenen Leben in sich wahrgenommen zu haben.

Das ist ihre Geschichte.

David hat sie mir erzählt, während Anni stumm danebensaß. Sie sah dabei aus, als hätte sie sich irgendwo tief in ihrem Inneren versteckt. Oder vielleicht auch verlaufen. David hatte geredet. Für sich und seine Frau. Ich frage mich, ob er seine Rolle als Haupt der Familie heute besonders ernst nehmen wollte. Weil er es in der Vergangenheit einmal nicht getan hatte. Er hatte in seinen Kaffee geschaut, während er sprach. Manchmal nur guckte er zu mir. Fragend, fast ängstlich. Mir wurde jedes Mal elend.

So richtig viel hatte er mit Gott nie am Hut, erzählte er weiter. Klar, christlich durchsozialisiert so weit und auch hin und wieder Kirche. Er weiß, worum es geht. Zumindest in der Theorie. In einer besonders schwarzen Stunde erinnerte er sich an den Spruch von Jesus »Mein Gott, mein Gott, warum hast du mich verlassen?«. Er selbst stellte sich die Frage nach dem »Warum« natürlich nicht wirklich. Er wusste ja, was er gemacht hatte. Aber er wollte noch mal nachlesen, wie das alles war um diesen Jesus-Spruch herum.

Und er las von der Vergebung aller Sünden. Von Gnade. Und wie ein Irrer rannte er von da an in die Richtung, in der er Gnade und Vergebung witterte. Er kaufte sich Andachtsbücher, 365-mal Gott, Bibellesepläne und alles Drum und Dran. Einmal quer durch den Büchertisch. Er war nie ein großer Leser gewesen – aber um seinen Selbsthass und diese ekelhafte Schuld loszuwerden, hätte er so gut wie alles getan.

Und er las und füllte seinen Kopf. Und er betete. Weinte nächtelang vor Gott. Sein Kopf weiß heute genauestens Bescheid über die Gnade und all das. Aber den Weg vom Kopf ins Herz hat sie bisher nicht finden können. Er wagt es einfach nicht, sich selbst von Gott angesprochen, geschweige denn angenommen oder gar geliebt zu fühlen.

Anni hatte ihr Schweigen noch eine ganze Weile durchgehalten. Bis zu dem Tag, an dem eine ihrer Facebook-Bekanntschaften ein Foto der Anti-Abortion-Bewegung aus den USA teilte. David fand sie schreiend auf dem Boden im Badezimmer. Sie hatte so eine Art Kreislaufkollaps und brechen musste sie auch. Das Notebook lag noch angeschaltet auf dem Sofa.

Er legte sie aufs Sofa und schloss sofort die Seite auf dem Laptop. Nahm sie in den Arm. Nachdem sie fast zwei Stunden geweint und geschrien hatte, fasste sie sich wieder. Und sie schwieg weiter.

Und um sich selbst zu bestrafen, surfte sie von da an jeden Abend, wenn der Kleine schlief, auf den Homepages von Abtreibungsgegnern. Am liebsten auf den amerikanischen. Die sind drastischer in ihrer Bildsprache.

Er kann nicht weiterreden. Ich könnte auch gar nicht weiter zuhören. Das ist er, der Moment.

Ich habe das Bedürfnis, sehr, sehr leise zu sein. Ich würde gern weinen, aber dafür ist hier gerade irgendwie kein Platz.

Anni und ich teilen die Angewohnheit, bei Nervosität unsere Nägel und die Nagelhaut zu traktieren. Sie hatte, während David sprach, ein beträchtliches Stückchen Haut an ihrem linken Daumennagel losgepiddelt. Jetzt ist er fertig mit Reden. Er ist still und das Zimmer mit ihm. Ich wünsche mir irgendjemanden, irgendetwas hierher, das diese Unerträglichkeit beendet. »Mein rechter, rechter Platz ist frei, ich wünsche mir einen Notfallseelsorger herbei! Oder am liebsten gleich Jesus persönlich!«

Und auf einmal geht alles schnell. In einer fließenden, schnellen Bewegung steckt sie den Daumen in den Mund, reißt mit den

Zähnen das Stück Haut ab, und ich zucke beim Gedanken daran, wie weh das jetzt getan haben muss.

Sie fixiert mich – zum ersten Mal seit dem Small-Talk-Part ganz am Anfang unseres Treffens –, ihr Blick glüht und sie sagt mit etwas zu lauter und bebender Stimme: »Es DARF mir niemand vergeben! Einen Gott, der mich liebt, könnte ich doch überhaupt nicht ernst nehmen! Es DARF NICHT SEIN, dass Menschen wie ich Frieden finden!« Sie steckt den blutenden Daumen in den Mund, saugt an der Wunde und verschwindet wieder dorthin, wo niemand sie finden kann. In ihr Inneres. Ich glaube nicht, dass es dort schön ist. Tschüss, Anni.

Ich verabschiede mich kurz darauf von den beiden und David bringt mich zur Tür. Auf dem Heimweg denke ich, dass ich jetzt noch sehr lange sehr leise sein werde. Und während ich leise bin, werde ich nachdenken.

Heimweg und Heimweh

What would Jesus do? Ich fand diese Armbänder ehrlich gesagt ein bisschen albern damals. Vielleicht habe ich mir deshalb den Spruch gemerkt.

Tja, Jesus. Was würdest du tun? Du setzt dich ja gern mal gemeinsam hin mit den Leuten, die du so triffst. Mit den Sündern besonders gern, könnte man meinen. Hast du auch mit uns eben am Kaffeetisch gesessen? Was hast du gedacht und getan? Wenn du wirklich die Liebe und der Freund der Sünder und alles bist, hast du vermutlich geweint. Wie es ein Freund nun mal tut, wenn er seine Freunde im Elend sieht.

Aber was bist du für ein Gott, wenn du die ganze Zeit still dabeisitzt und weinst? Bei einem waschechten Trauerfall verstehe ich das ja und finde es auch sehr sympathisch. Aber was machst du im Angesicht der Sünde? Wenn wir selbst daran schuld sind und es uns noch nicht einmal erlauben wollen, traurig zu sein? Was tust du? Weiterweinen?

Stimmt das, was ich hier von dir denke, denn überhaupt ansatzweise? Wahrscheinlich nicht. Jesus, mein Freund, sei mir nicht böse, aber ich komme mit deiner Reaktion oft einfach nicht klar. Vor allem dann, wenn ich sie nicht wahrnehme oder verstehe.

Ich mag diese beiden. Das haben wir vermutlich gemeinsam. Aber ich hätte genauso gut Grund, die beiden zu verabscheuen. Das wäre gar nicht schwer, glaube ich. Wenn ich nicht so genau hinschauen würde und die Verzweiflung ignorieren könnte, die die Macht über David und Anni übernommen hat, dann könnte ich sie sicher ganz hervorragend hassen. Wegen Müdigkeit und Geld das eigene Kind abtreiben. Das ist wirklich krass.

Und dann kommst du und pflanzt Verständnis in mein Herz. Eine Empathie, für die ich mich fast selbst schäme! Warst du das? Oder schiebe ich dir hier mal wieder mehr in die Schuhe, als richtig ist?

Wie auch immer sich das verhält mit dir und meinem freien Willen: Davon, wie Gerechtigkeit auszusehen hat, habe ich eine klare Vorstellung. Da liefe dann eigentlich erst mal wenig im Bereich Sympathie und Empathie.

Und dann kommst du und sagst, dass vor dir alle Sünden gleich schwer wiegen. Du stellst uns damit alle auf eine Stufe. Du wagst es, den Papst, Michael Jackson und mich auf dieselbe Stufe zu stellen wie diejenigen, die sich für den Tod ihres eigenen Kindes entschieden haben. Noch schlimmer: Ich soll mich sogar nach den gleichen Maßstäben beurteilen lassen wie echte Verbrecher. Hitler zum Beispiel. Was ist das eigentlich für ein absurder Kram, an den ich da zu glauben versuche?

Wir alle gleich? Ich bin ja wunderbar großherzig bei gut aussehenden Handybetrügern, die sich in der Jugendhaft nach dem zweiten Besuch des Gefängnispfarrers unter Tränen für dich entscheiden. Aber bei Mördern, Sexualstraftätern und Leuten, die weder Scham noch Reue empfinden können, wird es für mich schwer.

Ist es das, was du mit Liebe meinst, Jesus? Dieses paradoxe »Trotzdem«, das du leise in unsere Welt flüsterst? Das »Trotzdem«, das du über uns allen aussprichst? Über Charles Manson, Ulrich Parzany und mir?

Du bist mehr als die weinende Liebe, Jesus. Du und deine komplette Dreieinigkeit. Wenn es wirklich stimmt, dass es im Himmel einen Platz für waschechte Sünder gibt, dann bist du nicht nur die weinende Liebe. Dann bist du der mit dem großen »Trotzdem«.

Da, wo bei mir Gnade, Worte und Spaß vorbei sind, legst du erst los. Ja, es ist ein verrückter Glaube, um den ich so oft so verzweifelt kämpfe. Die Gnade, auf die ich für mich und andere hoffe, ist absurd und unbegreiflich. Kein Wunder, dass David das einfach nicht ins Herz übertragen kann – es ist einfach zu weit weg von allem, was wir nachvollziehen können. Es ist das Gegenteil von unserer Gerechtigkeit, glaube ich.

Ach, Jesus, ich fürchte, dass unsere Herzen manchmal einfach zu stark zittern, um darüber hinweg dein »Trotzdem« hören und verstehen zu können. Und mein Nachtgebet soll heute sein, dass du dein großes, liebendes »Trotzdem« in einer Lautstärke und in einer Sprache aussprichst, die wir verstehen können. Nimm dir die Worte, die unser inneres Zittern übertönen können. Nimm dir die Worte, Jesus – sie gehören doch sowieso alle dir.

Ach, Jesus, manchmal vermisse ich dich schon sehr. Ich hab Heimweh nach deinem ewigen Zuhause, wo es keine Probleme mehr geben wird.

Ach, Jesus, so oft fehlt mir jemand, der macht, dass alles wieder gut wird. Jemand, der schwungvoll ins viel zu leise Zimmer kommt und einfach noch einmal zurückspult. Wir können das nicht. Einfach noch einmal auf Anfang spulen.

»Tod, wo ist dein Stachel? Hölle, wo ist dein Sieg?« – es gibt Tage und es gibt Orte, an denen ich da tatsächlich eine Idee hätte …

8
Die Versionen meiner selbst

Ich hatte es mir im Vorfeld relativ cool vorgestellt, ein Buch zu schreiben. Als ich mich zum allerersten Mal mit dieser für mich komplett neuartigen Überlegung auseinandersetzte, sah ich mich vor meinem inneren Auge sofort in einem malerischen Hipster-Café sitzen. Mit Notebook und Nerdbrille, das Make-up dezent, alles ganz natürlich, aber trotzdem zum Niederknien sexy. Klar. Das wallende Haar mit einem Bleistift zum Knoten fixiert, kaue ich versonnen auf meinem Brillenbügel, bestelle den nächsten Kaffee aus fair gehandelter Spezialbohne – im Milchschaum das Konterfei von Helmut Schmidt – und produziere wie nebenbei und zufällig einen Bestseller … Ach ja.

Die Wahrheit sieht (wenig überraschend) in etwa so aus: Ich sitze in einer fragwürdig aussehenden Pyjamahose ungeschminkt auf meinem ungemachten Ehebett. Zwischen Ohropax, halb leeren Wasserflaschen und nackten Barbiepuppen. Die Nerdbrille liegt mit dem Make-up zusammen unbenutzt in einer Kiste im ungeputzten Bad.

Der Alltagsglamour ist ein scheues Reh. Das kann man wohl sagen.

Und während ich mich frage, wie und womit ich um Himmels willen ein ganzes Buch füllen könnte, denke ich über das bereits Geschriebene nach und stelle fest, dass man das eigentlich alles gar keinem erzählen dürfte. Sollte. Wollte. Viel zu persönlich. Geht doch niemanden etwas an.

Ich bin eigentlich nicht die, die Bücher schreibt. Ich bin die, die sie liest, um dann unreflektierte, schlecht formulierte Kommentare dazu abzusondern.

Ich bin auch eigentlich nicht die, die sich beispielsweise in einer Castingshow zur öffentlichen Diskussion stellt. Ich sitze lieber im fragwürdig aussehenden Schlafanzug vor dem Fernseher und beschimpfe die Kandidaten mit vollem Mund.

Laut sein kann ich gut. Aber das ist auch erst mal keine Kunst, solange man nicht mit eigenen, steilen Thesen in Vorleistung geht. Solange man nicht selbst die zu beurteilende Protagonistin ist. Lieber nicht selbst das Herz auf den Tisch legen. Das kann mal schnell nach hinten losgehen. Je heißer das Thema, desto fester die Haue nachher.

Unstudiert wie ich bin, sollte ich wohl lieber nicht mit den großen Doktoren mitreden bzw. -schreiben. Eine Nerdbrille allein macht einen noch nicht zur hellsten Kerze auf der Torte. Es werden sowieso zu viele Bücher geschrieben. Was auch schreiben?!

Ich habe gelernt, dass das, was heute stimmt, morgen schon ganz anders aussehen kann. Ich habe alles Wissen, das in meinem Kopf ist, von irgendwem gelernt, der schlauer ist als ich. Ich fabriziere keine Wahrheiten. Ich lerne sie von anderen, die sie in vielen Fällen schon treffender formuliert haben, als ich es je könnte. Hermann Hesse zum Beispiel. Ich fühle mich eigentlich nicht schlau genug für das, was ich hier tue.

Diese Worte sind nicht so selbstbedauernd gemeint, wie sie erst einmal klingen. Jeder (wirklich jeder!) hat seinen persönlichen Angriffspunkt und meiner ist eben das Nichtstudium und die Angst vor einem fehlgeleiteten Sendungsbewusstsein. Deswegen habe ich eine Regel für mich und dieses Buch aufgestellt: Ich will ehrlich sein.

Und ehrlich gehen mir zwischen all den philosophischen, theologischen und hochkomplexen Lebens- und Sterbensthemen im Moment hauptsächlich genau diese eher banalen Gedanken im Kopf herum. Und ich glaube, dass sie das auch dürfen. Ich glaube, dass es nicht verkehrt ist, sich selbst ab und zu mal ordentlich infrage zu stellen. Wer nicht fragt, bleibt bekanntlich dumm.

Ich stelle mich und mein Tun also an dieser Stelle öffentlich infrage. Ob das so schlau ist, weiß ich nicht. Vielleicht sollte man so etwas lieber vor oder nach der eigentlichen Arbeit tun – WÄHREND man auf dem Wasser läuft, sollte man ja besser nicht das große Zweifeln kriegen, wie wir wissen …

Ich zweifle.

Aber ich schreibe weiter.

With a little help from my friends. Ohne die Unterstützung und Ermutigung einiger ausgewählter Personen würde niemand diese Worte lesen. Dazu später noch etwas mehr.

Das Leben (und einige Menschen) geben mir mehr Chancen, als ich vielleicht verdiene. Ich darf mich ausprobieren und tue es fast mit schlechtem Gewissen. Weil ich es mir momentan gar nicht erlauben möchte, mein eigenes Schaffen an dieser Stelle ernst zu nehmen. Vielleicht kommt das noch. Vielleicht geht's aber auch ohne. Wer zum Geier sagt eigentlich, dass ich mich selbst die ganze Zeit ernst nehmen muss?!

Ich beschäftige mich mit den für mich großen Themen. Das finde ich übrigens gar nicht mal furchtbar anstrengend. Intensiv, ja. Aber nicht kräftezehrend oder so. Den Fragen, die ich mir selbst stelle, würde ich ohnehin nachgehen – ob ich nun dabei mitschreibe oder nicht. Ich bin jetzt mit meinen Gedanken an einem Punkt angekommen, an dem ich das bisher Gelernte auf mich selbst übertragen könnte.

Das ist unbequem. Wie ich mit den anderen umgehe, wenn sie sterben, ist etwas leichter zu definieren. Aber was, wenn ich auch »eine von uns« bin? Wenn ich auch zum Klub der Sterbenden gehöre? Wenn ich mich jetzt frage, was ich am Ende einmal über mich selbst sagen möchte, verändert sich mein Blick auf alles.

Nachdem die kurz aufwallende Panik abgeklungen ist und ich wieder klarer sehe, taucht eine neue Frage auf: Wer würde ich gern gewesen sein?

Die beste Version meiner selbst.

Ja, das klingt gut.

Und wer genau ist diese beste Version meiner selbst?

Was willst du denn mal werden, wenn du du bist?

Achtung, fertig, los!

Ich wäre gern die schönste Version meiner selbst. »Schön« natürlich nicht nur im äußeren Bereich. Nicht nur – aber auch. Allein schon meinem Mann zuliebe. Niemand ist gern mit einer Wurst im Schlafrock verheiratet!

Ja, ich möchte auf mich achten (Stichwort Pyjamahose – da besteht akuter Handlungsbedarf!). Aber noch mehr als äußere Schönheit wünsche ich mir ein inneres Leuchten. Ich wäre gern von innen schön. Ich wünsche mir für mich selbst ein ehrliches Lächeln, verständnisvolle Augen und Hände, die gut streicheln können.

Ich wünsche mir Schultern, die zum Anlehnen einladen, und Hüften, die vom Feiern und gemeinsamen Essen mit geliebten Menschen geformt wurden.

Ich wünsche mir Füße, die auch mal eine Extrameile aushalten (zur Not auch in zauberhaft schönen High Heels!).

Ich wünsche mir einen Mund, aus dem Lustiges, Tröstendes und Weiterführendes kommt. Und Lippen, die gerne und oft küssen.

Ich wäre gerne die liebevollste Version meiner selbst. Ich möchte das Schöne und das Wertvolle in meinem Gegenüber suchen und finden. Die Freiheit der anderen soll mir ein hohes Gut sein.

Ich will weniger Zeit mit Detaildiskussionen zubringen – es sei denn, es ginge um den richtigen Wein zur Pasta.

Ich möchte meinen Töchtern öfter sagen, dass sie schön sind, anstatt ihnen Verhaltensregeln vorzubeten.

In meiner Ehe möchte ich mich mehr um das Glück des anderen bemühen, als meine eigenen Erwartungen zu benennen.

Mit mir selbst möchte ich auch gnädig und liebevoll umgehen. Vor allem dann, wenn ich es mal wieder nicht schaffe, all meinen soeben gefassten guten Vorsätzen gerecht zu werden.

Ich wäre gerne die abgefahrenste Version meiner selbst. O ja! Diese Version habe ich besonders lieb! Obwohl sie noch nicht so ausgeprägt ist, wie ich es mir wünsche.

Ach, wie gern wäre ich mutig und kühn, unberechenbar und frei! Ich habe eigentlich oft genug Gelegenheit und Raum dafür – wann könnte ich das besser ausnutzen als zu Lebzeiten? Mit einem Lächeln und wildem Entdeckergeist stürze ich mich in Gedanken in meine Möglichkeiten.

»Warum denn nicht?« soll die neue Devise lauten.

Warum nicht mir selbst einen Norwegerpulli stricken und ihn in der Öffentlichkeit tragen?

Warum nicht dem Kellner den Segen Gottes zusprechen, wenn er mir freundlich und charmant diese umwerfend gute Pizza serviert?

Warum nicht tanzen, wenn im Supermarkt »Play that funky music« im Hintergrund läuft?

Warum nicht blöde Fragen stellen?

Oder mir selbst die Antworten überlegen?

Tja, und warum nicht einfach mal ein Buch über den Tod schreiben, ohne vorher selbst gestorben zu sein?

Andie und die Stickersammlung

Ich habe mich bewusst dafür entschieden, die in fast jedem Buch üblichen Danksagungen an Freunde und Unterstützende, die mir bei diesem Projekt geholfen haben, mitten ins Buch einzubauen. Ich finde den Platz, der ihnen in der Regel am beziehungsweise nach dem Ende des Buches zugewiesen wird, immer so ein bisschen unehrenhaft. Man kann sie dort übersehen, und das darf nicht sein, wie ich finde. Wer will, darf deswegen auf der allerallerletzten Seite dieses Produktes eine Stickersammlung beginnen – der Platz dafür wäre vorhanden.

Im Ernst: Meine Erfahrung zeigt ganz klar, dass es ohne Hilfe von anderen wenig Bücher und auch sonst nicht viel Tolles auf dieser Welt gäbe. Nein, ohne Unterstützung kämen selbst die tollsten Helden nicht klar. Wer etwas anderes behauptet, lügt!

Die Kunst, »Danke« zu sagen, gehört zu den sehr wichtigen und unterschätzten Dingen im Leben. Man meint ja oft, man könne sich die eigenen persönlichen Danksagungen bis zu dem Tag aufheben, an dem einem zumindest der David-Award für das eigene Lebenswerk verliehen wird.

Weil ich aber zunehmend feststelle, dass das Lebenswerk schneller vollbracht sein kann als zunächst gedacht, habe ich entschieden, immer schnellstmöglich für alles Dankenswerte zu danken. Jetzt zum Beispiel.

Ich danke Andreas »dem Vertrauten« Mette. Ohne seinen Zuspruch und seine Ermutigung wäre das Buch (spätestens) jetzt zu Ende gewesen. Seit der Entwurfsphase und den umformulierten Rohfassungen hat er mich zum Weitermachen ermutigt. In seinem Amt als »Erst- und Cheflektor« hat er es geschafft, mich nie in seinem Sinne oder nach seinem Geschmack zu korrigieren, sondern mir am Ende zu meiner ganz eigenen, schreibenden Bestform zu verhelfen.

Danke, Bruder!

9
Stille Post, heilige Post

Es war einmal ein wunderschönes Hotel. Dieses Hotel wurde geführt von einem gut aussehenden Herrn um die fünfzig. Er mochte seine Arbeit gern, bewirtete charmant die Gäste und fühlte sich am richtigen Platz. Das Hotel lief gut und die Arbeit wurde deshalb immer mehr. Es blieb weniger Zeit für die Gäste, der Ablauf musste reibungslos funktionieren. Der Mann wurde langsam müde.

Mit den neuen Hoteleigentümern kam der Ärger. Immer mehr Aufwand bei gleicher Bezahlung, unerfüllbar hohe Erwartungen an das gesamte Personal. Die Stimmung wurde gereizter. Schließlich der große Knall. Dann die Kündigung in beiderseitigem Einvernehmen.

Auf einmal wieder: Zeit, Erholung, Durchatmen. Zur Ruhe kommen.

Merken, wie erschöpft man ist. Immer müder, immer träger.

Morgens nicht mehr aus dem Bett kommen – warum auch?

Die Freunde sorgen sich um ihren eigentlich so lebenslustigen Kumpel. Eine Freundin erzählt ihm schließlich, dass im Hospiz in der Stadt immer wieder ehrenamtliche Mitarbeiter gebraucht werden. Und weil er Zeit und nichts zu verlieren hat, stellt er sich dort einfach mal vor.

Etwas später sitzt er als mein ehrenamtlicher Azubi am Empfangstresen. Das Leben schlägt verrückte Kapriolen!

Ich bin froh, zum ersten Mal einen Hospitanten betreuen zu dürfen. Und dann auch noch einen so … äh … ungewöhnlichen! So »erwachsen« irgendwie … Es dauert nicht lange und wir arbeiten gern und ziemlich erfolgreich zusammen. Für einige Wochen soll er mir auf die Finger schauen, bevor er den Laden allein schmeißen wird.

Ich muss nicht viele Worte machen, was die Erläuterung der Arbeit angeht. Von vielem hier versteht er fast mehr als ich. So bleibt uns zwischendurch genug Zeit, um uns über gute Restaurants und französischen Rotwein auszutauschen. Ich glaube, dass er langsam anfängt, sich im Hospiz wohlzufühlen.

Als ich selbst Hospitantin war, durfte ich alles fragen. Alles, und zwar jeden aus dem Kollegium. Das fand ich toll. Ich versuche, alles Gute und Wichtige, das ich vor ein paar Monaten hier lernen durfte, möglichst pur an meinen Azubi (wie ich ihn mit großer Freude auch öffentlich nenne) weiterzugeben.

Ja, als ich hier anfing, durfte ich immer jeden alles fragen! Aber manche Fragen wurden mir absichtlich nicht beantwortet … Wie ich den Gästen und trauernden Angehörigen begegnen solle und dürfe, stellte am Anfang für mich eine zentrale Unsicherheit dar. Meine größte Angst, aber gleichzeitig eben der wesentlichste Teil meiner Arbeit am Empfang lagen genau darin. Gibt es Dinge, die ich sagen oder eben nicht sagen soll? Wie kondoliert man einer soeben dazu gewordenen Witwe? Wie begrüßt man einen neuen Gast, der wegen eines Zungentumors nicht reden kann?

Viele Fragen, viele Lehrende – keine konkrete Antwort. Nur diese – und zwar immer wieder: »Du wirst es so machen, wie du es machst.« – »Wenn du hier am Tresen sitzt, dann läuft es so, wie es bei dir eben läuft.« Mein Mentor für die ehrenamtlich Mitarbeitenden brachte es auf den Punkt: »Wir und die Gäste und die Angehörigen – wir wollen und brauchen Johanna.«

Stille Post. Man ist nicht ganz sicher, ob man das jetzt richtig verstanden hat, soll aber mal mutig alles weitergeben. Was am Schluss dabei rauskommen soll, wagt man sich fast nicht auszumalen …

Anders wäre es bequemer gewesen, hab ich anfangs oft gedacht. Wie schön wäre es gewesen, mich hinter den Floskeln anderer verstecken zu können. Was für eine angenehme Distanz zu diesem ganzen Elend hätte sich ergeben, wenn ich für gewisse Momente eine Art »Wörterbuch für den Trauerfall« gehabt hätte. Hatte ich aber nicht. Noch nicht mal ansatzweise. Es wurde mir einfach zugetraut.

»Und wenn ich heulen muss? Oder irgendwas anderes?«

»Dann werden die Menschen sehen, dass du ein Herz hast.«

Nun ist es an mir, meinem Azubi etwas zuzutrauen. Wo der Kopierer steht und wie das Telefon funktioniert, hatte er erwartungsgemäß schnell verstanden. Aber wie erkläre ich das Unerklärbare? Dieses gewisse »Je ne sais quoi«? … dass er einfach er selbst sein soll, wenn das hier cool werden soll.

Er hat es sich selbst erklärt. Und zwar so gut und anrührend, dass ich nicht anders kann, als die Geschichte zu erzählen.

Weil

Arbeitsalltag. Geliebte, alltägliche Routine. Ich habe viel Papier auf dem Tisch, das Telefon steht nicht still, das Leben brummt. Ich schreibe, spreche, helfe weiter. Mein Azubi mit mir, neben mir, manchmal vernachlässigt, weil die Zeit für manche Erklärung fehlt.

Und ich flitze herum, komme von da und bin auf dem Weg nach dort und sehe ihn draußen auf der Terrasse. Ich bleibe kurz stehen. Bin neugierig, was er da treibt. Mir kommen fast die Tränen, als ich ihm dabei zusehe, wie er einem weiblichen Gast und deren Freundin in absoluter Formvollendung Tee, Kekse und Wasser serviert.

Das fällt zunächst mal nicht in unseren klassischen Aufgabenbereich am Empfang. Aber in einem Haus, das mit acht Betten eher klein und überschaubar ist, macht man am besten einfach mit. Aufgabengebiete sind nicht das Allerwichtigste hier. Was zu tun ist, wird getan. Klare Sache.

Mein Azubi hat sich also verselbstständigt. Er hat sich von irgendwoher ein Tablett besorgt, es detailreich gefüllt und trägt als Schürze ein Geschirrtuch. Hier noch ein Tellerchen, da noch ein Gläschen oder Väschen. Und mit diesen herrlich übertriebenen Gesten, die sonst nur Kellner in italienischen Restaurants draufhaben, veranstaltet mein Azubi, der feine Herr Hotelchef, für die beiden Frauen so eine Art improvisierte mittelhessische Teezeremonie. Große, elegante Bewegungen, charmante Anmoderation des jeweiligen Getränks – so geht Service!

Ein kleiner Flirt noch hinterher – der Mann ist hier gerade wie ein Fisch im Wasser! Er befindet sich mittendrin in seiner Bestimmung – besser ginge es nicht! Er macht sein ihm ureigenstes Ding! Die Damen schmelzen dahin, ich aus der Ferne mit ihnen …

Als er zurück ins Haus kommt, applaudiere ich ihm! Ich rufe: »Gott segne dich, mein Freund! Ich kann dir nichts mehr beibringen!« Und er sagt leise, fast gerührt: »Nach langer Zeit habe ich endlich mal wieder gespürt, wie schön es sein kann, Gäste zu bewirten.«

Und manchmal bist du nicht nur wichtig, OBWOHL du so bist, wie du bist.

Manchmal wirst du tatsächlich gebraucht und gewollt GENAU SO wie du bist.

Vielleicht ist ja gar nicht immer das große »Trotzdem« nötig. Vielleicht tut's auch manchmal ein »Weil!«.

Mein Azubi wird uns bald wieder verlassen. Er hat eine neue Stelle gefunden. Auch seine Rechnungen wollen bezahlt werden. Ich habe fest vor, meinen Mann zu einem Abendessen in das Hotel auszuführen, in dem mein Azubi bald anfangen wird. Und wir beide sind wild entschlossen, mit ihm und seiner Frau dort eine Flasche Châteauneuf-du-Pape zu leeren!

Für das Hospiz ist es schade, dass er geht. Aber es war gut, dass er da war. Für ihn, für mich, für die zwei Teetrinkerinnen! Und für zukünftige Gäste, die er selbst gar nicht mehr persönlich kennenlernen wird.

Seit diesem denkwürdigen Tag laufe ich nicht mehr an der Raucherecke auf der Terrasse vorbei, ohne die Getränkewünsche abzufragen. Mir doch egal, was mein Schreibtisch oder mein E-Mail-Postfach dazu sagen! Vor Kurzem noch fiel mir ein neuer Gast deswegen – nur wegen dieser Frage – spontan vor Rührung weinend um den Hals … Er war so einen Service wohl gar nicht mehr gewohnt. Das Erbe meines Azubis. Er war wohl einfach zur richtigen Zeit am richtigen Platz.

Wünschen wir uns das nicht alle? Zur richtigen Zeit am richtigen Platz zu sein?

Wo ist der richtige Platz?

Und wann ist die richtige Zeit?

Hier und jetzt? Das wäre schön – ist aber wahrscheinlich zu einfach.

Aber wer weiß: Vielleicht stimmt es ja doch …

Mein kleines Unglaubensbekenntnis

In Bezug auf den richtigen Platz gibt es so manches, an das ich nicht glauben werde. Ich glaube zum Beispiel nicht, dass ein solcher richtiger Platz immer bestenfalls eine Bühne ist. Mit möglichst großer Streuwirkung. Ich glaube außerdem nicht, dass »Erfolg« im klassischen Sinne ein Indikator für den richtigen Platz ist. Ich glaube noch nicht einmal, dass das Laufen unter religiöser Flagge den eigenen Platz automatisch zum richtigen aufwertet. Ich glaube auch nicht, dass der richtige Platz immer räumlich zu definieren ist.

Wenn wir zum Beispiel ALLE nach Indien fahren würden, um dort irgendwas »Richtiges« zu machen, würden sich die Inder vermutlich bedanken. Nicht.

Wenn wir ALLE in die Hospize laufen würden, weil wir dort die Chance auf den richtigen Platz wittern, wäre das ruhige Sterben für die Gäste dort ein unrealistischer Wunschtraum.

Wenn wir alle Beethoven wären, gäbe es nur Musik. Und niemanden, der sie hört.

Die Menschheit wurde als Team konzipiert. Jeder auf seinem individuellen Platz – im Miteinander und Füreinander vermutlich am erfolgreichsten.

Vielleicht stimmt das mit dem Hier und Jetzt ja doch …

Ich kenne eine Kassiererin, die durch ein beiläufiges Kompliment das fast verlorene Selbstbewusstsein einer Kundin reanimiert hat. Ich kenne einen Krankenpfleger, der einem Patienten unbewusst gezeigt hat, dass Nächstenliebe keine fromme Wunschfantasie ist. Ich weiß von einem Abteilungsleiter, der einer Angestellten zum ersten Mal seit Jahren vermitteln konnte, dass sie tatsächlich etwas wert ist. Ich durfte routinierten Berufsmusikern zusehen und zuhören, die mir mit ihrem tief in sich versunkenen Spiel gezeigt haben, dass Leidenschaft auch Jahrzehnte und tausendfache Wiederholung überleben kann. Ich kenne einen Hoteldirektor, der im Hospiz wieder neu gelernt hat, wie schön es sein kann, Gäste zu haben.

Und ich wurde völlig berufsgruppenunabhängig schon oft – ganz leise und unscheinbar – herzlich umarmt und in die guten Zeiten zurückgeküsst.

»Richtig« ist oft klein und leise und unscheinbar.

Dass mancher Tod komplett sinnlos ist, würde ich sofort unterschreiben. Aber ich glaube nicht, dass auch nur ein einziges Leben – wie klein, leise oder unscheinbar es auch sein mag – sinnlos ist.

10
»Ich war hier!«

Januar. Kein schöner Winter. Das Wetter ist eigentlich gar kein Wetter, sondern ein farbloser Zustand. Es ist feucht und klamm, ohne dass es richtig regnen würde. Und das bei komplett deplatzierten sieben Grad. Wer bei diesem Wetter keine Depression kriegt, sollte dringend seinen Arzt konsultieren.

Meine Stiefel sind matschig, mein Mantel feucht – von drauß' vom Walde komm ich her. Nicht aus irgendeinem Wald, sondern aus einem sogenannten Friedwald.

Ich wollte dort eigentlich schon seit längerer Zeit mal aus Neugier vorbeischauen, aber mit solchen Vorhaben ist es meistens, wie es eben meistens ist. Man findet die Idee wirklich total klasse, aber leider war heute die Zeit zu knapp, die Frisur zu Banane, das Wetter zu farblos ... Ich bin die Godmother of Ausredenerfindung!

Dem wirkt entgegen, dass ich mir vor Kurzem selbst beigebracht habe, die Dinge, die ich gern machen will, am besten noch zu Lebzeiten in Angriff zu nehmen. Also Gummistiefel an und los!

Ein Friedwald ist eigentlich so eine Art Friedhof. Aber mit Bäumen statt Gräbern. Das wusste ich schon. Ich hatte immer wieder von Leuten gehört, die hier zu Urnenbeisetzungen gewesen waren und die die spezielle Atmosphäre besonders geschätzt hatten. Nun war ich neugierig zu sehen, wie so ein Baumgrab aussieht. Wie es sich anfühlt, dort zu sein. Genau so komisch unangenehm, wie ich es auf Friedhöfen finde?

Ich scheine fast allein hier zu sein. Auf dem Parkplatz steht nur ein weiteres Auto, von dem Besitzer keine Spur. Gut. Auf Expedition ins Unbekannte bin ich am liebsten allein.

Direkt neben dem Parkplatz befindet sich ein kleiner, sogenannter Infopfad. Dort fange ich an. Links und rechts des schmalen Kieswegs stehen grüne Schilder. Und natürlich Bäume. An einem Baum hängt ein blaues Band, am nächsten ein rotes.

Ich lese, dass ein blaues Band einen sogenannten »Familien- und Freundschaftsbaum« kennzeichnet. Falls dieser noch frei ist. Bereits »besetzte« Bäume erkennt man an einer kleinen Metalltafel mit den Namen der dort Beigesetzten. Man kann sich an den Wurzeln eines solchen Baumes mit bis zu zehn befreundeten oder verwandten Personen beisetzen lassen. Jeweils in einer biologisch abbaubaren Urne. Interessant. Mit wem würde ich mich denn da gerne zusammenlegen wollen …?

Es gibt auch Einzel- und Partnerbäume. Falls noch frei, mit einem roten Band gekennzeichnet. Und dann gibt es noch Gemeinschaftsbäume. Gelbes Band. Dort stehen zehn Plätze zur Verfügung, die man sich einfach mit anderen Waldfans teilen kann, die man vorher nicht selbst aussucht.

Die Plätze unterscheiden sich zunächst mal preislich – abhängig von der Art des Beisetzungsbaumes und von seiner Größe und seinem Alter. Man kauft sich also seinen Platz und darf ihn bis zu 99 Jahre lang behalten.

Mein erster Impuls lässt mich die alten, starken Bäume als Beisetzungsort am besten finden. Als ich aber lese, dass ein junger Baum den Hinterbliebenen durch sein Wachstum und seine Veränderung im Lauf der Jahre unter Umständen etwas ganz Besonderes geben kann, beschließe ich, meine Meinung bei Gelegenheit noch einmal zu überdenken. Aber erst mal gucken jetzt. Später denken.

Okay, ich bin informiert. Der Lehrpfad war kurz und interessant. Und wo geht's jetzt los? Wo ist der eigentliche Friedwald?

Ich schaue mich um und merke mit leichtem Schrecken, dass ich bereits mittendrin stehe. Irgendwie hatte ich mir als Eingang so eine Art Tor vorgestellt. An dem man noch mal ordentlich durchschnauft, bevor man eintritt. Oder ein Schild, auf dem so was steht wie: »Im Friedwald bitte leise sein und den Hund anleinen!« Und dann eine Umzäunung, an der man sofort erkennt, dass hier der Ort ist, an dem man spätestens aufhören sollte zu lächeln.

Nichts von alledem.

Direkt am nächststehenden Baum entdecke ich eine kleine Metalltafel, auf der zwei Namen sowie zwei Geburts- und Todesdaten stehen. Offensichtlich die eines Ehepaares. Ich trete näher – querfeldein – und schaue an den Wurzeln des Baumes nach, ob ich irgendetwas Ungewöhnliches entdecke. Keine Ahnung, wonach ich suche – ich sehe jedenfalls nichts Auffälliges. Nur altes Laub, Moos und heruntergefallene Zweige. Ich berühre den Baum, spüre in mich hinein, denke, dass ich langsam, aber sicher verrückt werde, und trete wieder einen Schritt zurück.

Ein ganz normaler Wald.

Mit ganz normalen Bäumen.

An denen hier und da Namensschilder hängen.

Ich bin schon da. Das mulmig-spirituelle Friedhofsgefühl lässt aber bisher auf sich warten.

Petunie oder Pyramide?

Warum machen wir Menschen das eigentlich? Gräber anlegen?

Wir müssen natürlich irgendwohin mit den Körpern unserer Verstorbenen, ja. Aber was ist es, das uns von jeher Pyramiden bauen, Petunien pflanzen oder Plaketten an Bäume nageln lässt?

Wahrscheinlich wollen wir, dass im Nachhinein noch jemand merkt, dass wir hier waren. Und was du willst, das man dir post mortem tu, das mach auch für die anderen. Wir selbst und meistens auch die, die uns lieben, wünschen sich eine Art Erinnerungsort. Eine Gedenkstätte. Ein Denkmal. Nicht einfach komplett verschwinden, bitte!

Das Herz der Hiergebliebenen muss unter Umständen noch eine Weile nachbluten – eine Grabstätte kann da sowohl Kurort als auch Schlachtfeld sein, denke ich.

Es scheint schon immer wichtig gewesen zu sein, nach dem Tod einen wie auch immer aussehenden Ort zu besetzen. Damit wir zum einen selbst leichter gehen können (weil wir ja in gewisser Form bleiben) und auch, damit die An- und Zugehörigen einen Platz haben, an dem sie nicht komisch angeguckt werden, wenn sie mal schlimm weinen müssen.

Ich glaube, ich verstehe diese Gräbersache ansatzweise. Das, was Teenager mit ihren schwarzen Eddings auf öffentlichen Toiletten immer wieder so herrlich schnörkellos auf den Punkt bringen, ruft doch in den meisten von uns. Und zwar über den Tod hinaus: »Ich war hier!«

Sie alle waren hier. Die Namen an den Bäumen. Erstaunt merke ich, dass manche von ihnen sogar noch hier SIND. Ich komme über Stock und Stein an einem Baum vorbei, an dem die Namen eines Ehepaares stehen. Mit Geburts-, aber ohne Todesdatum. Ich stelle es mir interessant vor, mit meinem Mann einen Spaziergang zu unserem eigenen Grab machen zu können. Aber, warum nicht …?

Eigentlich gut, wenn die Hiergebliebenen sich in ihrer eventuellen Trauer nicht auch noch überlegen müssen, wie und wo sie die Beisetzung gestalten sollen. Ich wäre wahrscheinlich dankbar für ein Signal im Vorfeld. Ob es eher in Richtung Petunie oder Pyramide gehen soll.

Wie alt muss man denn eigentlich sein, wenn man seinen eigenen Abschied choreografiert? Oder wie krank?

Ich weiß es nicht.

Mit gesunden 33 fühle ich mich ehrlich gesagt noch nicht reif dafür. Ich glaube nicht, dass das viel mit Verdrängung zu tun hat. Ich glaube eher, dass mir eine Beerdigung, die ich jetzt plane, in 70 Jahren (die ich ja hier auf Erden noch anstrebe!) nicht mehr gerecht würde.

Oder ist da doch Verdrängung im Spiel?

Ist Verdrängung eigentlich verboten?

Etwas später auf meiner Wanderung durchs Unterholz fällt mir ein helles Leuchten auf dem dunklen Waldboden auf. Als ich durch Laub und Gestrüpp näher trete, sehe ich, dass in einer kleinen Höhle an der Wurzel eines Baumes eine weiße Tulpe liegt.

Hier war offensichtlich jemand. Vor nicht allzu langer Zeit. Hat dieser Jemand geweint? Oder mit dem Baum geredet? Hätte ich ihn deswegen für komisch gehalten? Nein, sicher nicht! Ich bin immerhin die, die Bäume anfasst und dabei in sich hineinspürt …

Warum eine weiße Tulpe?

Kleine Gesten, die nachdenklich stimmen können. Mich zumindest.

Vielleicht ist das doch kein ganz normaler Wald.

Zu Füßen eines anderen Baumes leuchten pinkfarbene mit gelben Rosenblättern um die Wette. Natur in der Natur – eigentlich nichts Besonderes. Aber durch die unerwartete Farbenpracht im trüben Regengrau eben doch irgendwie überraschend. Auffallend und anrührend. Da wollte wohl mal wieder jemand sein ganz eigenes »Ich war hier!« ausdrücken.

Fast hätte ich es übersehen. Weil es fast genauso aussieht wie ein Baum. Auf einem Hügel steht ein großes, hölzernes Kreuz. Es fällt mir zwischen den nackten Bäumen nur deshalb auf, weil davor ein paar ebenfalls hölzerne Bänke stehen. Ich gehe näher ran.

Den Gedanken, mich hinzusetzen, verwerfe ich sofort wieder, weil alles nass und kalt ist. Und so stehe ich einen Moment und glaube, dass ich diesen Ort gut finde. Eine Beisetzungsfeier auf diesen im Kreis stehenden Holzbänken stelle ich mir schön vor. Ein bisschen Zeltlagerfeeling, denke ich und schmunzle leise.

Ja, ich mag diesen Ort.

Vielleicht werde ich noch manchmal herkommen, wenn mir sonst nichts mehr einfällt. Oder wenn ich nicht komisch angeguckt werden will, wenn ich mal schlimm weinen muss. Ich mag die Stille, die das beruhigende Konzert der Vögel verstärkt. Ich mag das Gefühl, dass dieser Wald schon länger auf seine Art ein- und ausatmet als ich. Dass er schon so viele Dinge, die für mich epochal wichtig schienen, schweigend und absterbend und wieder neu wachsend überlebt hat. Der ewige Rhythmus der Jahreszeiten lässt sich nicht von Bürostress, Geldsorgen oder verdorbenen Familienurlauben beeindrucken. Gut so.

Dieser unbeirrbare Ruhepuls steckt mich an und ich komme innerlich runter. Das Leben geht weiter. Bis zum Frühling dauert es zwar noch. Es geht sehr langsam weiter, aber es hört nicht auf. Der Wald könnte bei uns im Hospiz als Trauerbegleiter anheuern, denke ich lächelnd. Warum ist mir vorher nie aufgefallen, wie viel ich hier über die simplen Grundstrukturen des Lebens lernen kann?

Es geht langsam weiter, aber es geht weiter. In Trauer und Niederlage, in jeder Jahreszeit. Bevor ich war, wuchsen Bäume, und wenn ich nicht mehr sein werde, werden auch welche wachsen. Und weiter.

Ich bleibe noch einen Moment auf dem Baumkreuzhügel stehen und hänge meinen Gedanken nach.

Und nach dem Denken schalte ich mein Gehirn so gut es geht aus und dann sehe ich. Ich sehe die Bäume, die Tulpe, die Rosenblätter, das Nicht-Wetter, die Namen.

Und nach dem Sehen schließe ich die Augen und dann höre ich. Den Wind und den Regen und die Vögel.

Und nach dem Hören blende ich alles Äußere so gut ich kann aus und dann spüre ich. Den Regen auf meinem Gesicht, die Kälte an meinem Rücken und irgendetwas Undefiniertes in mir. Ein kleines, leises Wollen.

Ich erinnere mich an den alten jüdischen Brauch, beim Besuch eines Grabes einen kleinen Stein dort abzulegen. Obwohl der Ursprung dieser Tradition eigentlich ein ganz anderer ist, zeigt dieser Brauch heute in erster Linie an, dass ein Besucher am Grab war. Ich suche und finde ein besonders helles Exemplar unter einer der Sitzbänke. Weil ich keinen Baum bevorzugen oder benachteiligen möchte, lege ich mein kleines, helles Steinchen an den Fuß des Holzkreuzes.

Für niemand Bestimmten.

Und für alle.

Man kann ihn dort gut sehen zwischen dem nassen, braunen Laub und dem Moos. Vielleicht wird ihn niemand bemerken oder meine Geste verstehen. Jüdischer Stein an christlichem Kreuz. Natur in Natur – wenig kontrastierend oder künstlerisch herausfordernd. Aber ich tue das, was ich hier grade tue, ehrlich gesagt in erster Linie für mich selbst.

Ja. Das war es, was ich gern wollte. Ich wollte irgendwie und irgendwem sagen: »Shalom, liebe Friedwaldbesuchende! Friede euren traurigen Seelen und euren Verstorbenen.

… ich war hier!«

Außen lahm, doch innen bunt

Ich bin nicht mehr im Friedwald, ich bin jetzt zu Hause.

Unser Kachelofen war definitiv eine der sinnvollsten Einbauten in unser kleines Häuschen. Selbst er hat mit seiner wohlig-warmen Ofenbank eine ganze Weile gebraucht, bis ich wieder komplett durcherhitzt war.

Auch bei meinem heutigen Ausflug habe ich wieder ein paar Fragen gesammelt und muss meine Gedanken noch nachsortieren … Was nehme ich aus dem Friedwald mit?

Ich finde Friedhöfe und potenzielle letzte Ruhestätten für mich selbst eigentlich nicht so furchtbar wichtig. In welchem Aggregatszustand ich eines Tages wo genau meinen finalen Platz finden werde, kümmert mich momentan nicht besonders. Aber diesen Impuls, den die Teenies mit dem Edding auf dem Klo haben – den kenne ich auch!

Ich würde mir schon wünschen, dass ich irgendetwas hinterlasse. Keine Pyramide, kein spießiges Petunienbeet. Aber dieses leise kleine Wollen von eben ist mir bis auf die Ofenbank hinterhergelaufen … Was ich der Nachwelt gern hinterlassen würde, stellt mich vor eine Art Rätsel oder auch Problem. Luxusproblem, aber Problem.

Ich misstraue Menschen, die auf Bühnen stehen.

Ich misstraue auch Worten. Gesungen wie gesprochen und auch geschrieben (an dieser Stelle der Hinweis an alle Anwesenden, dass man auch mir sicherheitshalber misstrauen möge!). Ich habe oft

Probleme mit öffentlichen Überzeugungs- und Glaubensbekundungen. Je vollmundiger und lauter, desto skeptischer bin ich.

Ja, ich bin vor allem glaubensmäßig ein Kind meiner Generation. Manchmal denke ich, dass ich vor lauter Hadern, Zweifeln und Unsichersein letzten Endes zu gar nichts komme. Das gehört in meiner Generation ja angeblich zum guten Ton – nicht genau zu wissen, wo man sein Ei hinlegen soll. Weil man nämlich eigentlich gar nicht weiß, ob man überhaupt ein Ei legen möchte. Weil man nämlich bisher noch nicht ergoogeln konnte, ob man eigentlich auch vegane Eier legen kann und ob man dafür noch ein drittes Mal studieren muss …

Ja, wir sind die, die keine Nazis und keine Hippies und irgendwie einfach nur da sind, behaupten manche. Mit Mitte dreißig noch nicht richtig erwachsen, politikverdrossen und insgesamt einfach zu unentschlossen. Auch in Kirche und Gemeinde meist weder Fisch noch Fleisch – oder einfach gar nicht anwesend! Lieber liberal-theologische Vorträge über Podcast hören. Abendmahl wäre schon wieder zu viel Statement irgendwie …

»Na und?!«, rufe ich freundlich allen entgegen, die das schlecht finden. Ich kann uns gut leiden! Unsere Generation wartet eben einfach noch auf ihre Gelegenheit! Wegen nichts und wieder nichts kommen wir so schnell nicht in die Puschen! Da bleiben wir doch lieber zu Hause in der Lebensgemeinschaft und unterwandern das System, indem wir faire Klamotten kaufen, mit Heiden befreundet sind und regionales Essen essen.

Lasst uns ruhig noch ein bisschen Anlauf nehmen, Geschwister – wir werden die Welt eines Tages schon noch aktiv und wahrnehmbar mitgestalten. Und es wird gut sein, wenn wir dann genug fair gehandelten Kaffee drinhaben!

Bei aller Sympathie für uns und damit mich selbst, muss ich mir aber trotzdem meine eigene Frage gefallen lassen: Was wird von mir bleiben? Von uns? Von den Unsicheren, von denen, die irgendwie nicht auf den Punkt kommen? Was werden wir hinterlassen?

Vielleicht nur viel Kleines und Leises.

Vielleicht werden wir mehr Fragen als Antworten zurücklassen.

Vielleicht werden wir schnell vergessen werden. In Ermangelung von Statements.

Ja, es kann sein, dass wir irgendwie ladegehemmt sind. Möglich, dass ich niemals ein besonders öffentlichkeitswirksames Ei legen werde. Vielleicht bleibe ich in der Masse der Menschen ein unscheinbares Gesicht. Kann sein, dass ich weder im Leben noch im Sterben die Epoche beeinflussen werde.

Aber so farblos und trist meine persönliche Weltverbesserungsperspektive erst mal wirkt: Innen bin ich bunt! Im Herzen. Da sind Hunderte Autogramme, unzählige »Ich war hier«. Manche ein bisschen vernarbt, manche Unterschriften haben wehgetan. Mit leicht zittriger Hand hat ein befreundeter Theologe den Satz »Lass dich verunsichern!« geschrieben.

Pastellfarbene Abdrücke von Kinderhänden gibt es.

Andere Signaturen sind mit feinen Pinselstrichen gezeichnet in frischen, bunten Farben.

Ein paar kann man nur schwer lesen, weil sie in Sütterlinschrift geschrieben wurden und schon etwas älter sind. »Du schönes Kind!« haben sie vor vielen Jahren geschrieben.

Und einige sind einfach nur ein knallbunter Fleck. Ein Haufen Farbe, der gegen meine Seelenwand explodiert ist.

Indem sie mein Herz berührt haben, haben mich viele verschiedene Menschen – und auch Gott als Erfinder eben jener Menschen – zu dem gemacht, was ich heute bin.

Vielleicht beeinflussen wir die Welt, indem wir einander beeinflussen. Das leise, kleine »Richtig« von neulich kann unter Umständen sehr laut werden. Jedes »We shall overcome«, alle »Liberté,

Égalité, Fraternité!«-Rufe, das historische »Wir sind das Volk!« – sie alle haben mal klein und leise angefangen. In einem Kopf, in einem Herzen.

Kleine Wahrheiten, subjektive Erkenntnisse können groß werden. Wenn wir sie den Menschen, zu deren Herzen wir Zugang haben, ehrlich vermitteln.

Ich will misstrauisch bleiben. Auch kleine Dumm- oder Bosheiten können groß werden. Ich will mich verunsichern lassen und prüfen, was ich für wahr und richtig halten soll – und dadurch im Zweifelsfall eben zögerlich, unentschlossen und unsicher wirken.

Und ich bin nicht ganz sicher, ob das jetzt ein guter Satz war, um das Kapitel zu beenden.

11
Abend

Zum Jahresbeginn möchte ich immer alles noch ein bisschen besser machen. Manche werden das Gefühl kennen. Neuer Kalender, neues Glück, neues Ich. Deshalb hat es sich für mich in den letzten Jahren zu einer Art Tradition entwickelt, dass ich im Laufe des Januars und Februars ungefähr zwei- bis dreimal ins Fitnessstudio gehe. Ab März finde ich mich dann zwar optisch noch immer nicht ganz reif für den Frühling, hatte aber genug Zeit, mir selbst zuzusprechen, dass wahre Schönheit ja sowieso von innen kommt und dass da auch definierte Oberarme nichts dran ändern würden.

Heute war es also mal wieder so weit: Ich war beim Sport!

Ich hatte mir einen Kurs im »Aktivität macht gute Laune«-Plan des Fitnessstudios rausgesucht, der mir auch wirklich viel Spaß gemacht hat. Besonders gut gefielen mir die abschließenden Dehnungsübungen. »Den Po raaaaauuusstrecken, macht euch groooooß!« Das hört man gern und selten.

Auch gut gefiel mir die Übung, bei der unsere Schulterblätter ganz sanft unser Herz nach vorne schieben sollten. Zur Rückenbegradigung. »Ach, DAS ist ja süß!«, dachte ich und hab begeistert mitgemacht. Mit vollem körperlichen und psychischen Einsatz.

»Herz nach vorne! Mutig voran! Hallo Welt, ich liebe dich!« – Ich war total dabei!

So fing meine Arbeitswoche an.

Sie sollte anders enden.

Don't explain

Schade, dass man Stille nicht aufschreiben kann. Ich kann gerade mal wieder nur noch still sein.

Es ist Freitag, Feierabend. Meine Worte und meine Kraft sind verbraucht.

Ja, wirklich schade, dass man Stille nicht aufschreiben kann.

Der Einzige, der im Auto auf der Heimfahrt noch Geräusche machen darf, ist Herbie Hancock. Ich stelle mir vor, eine Taste auf seinem Klavier zu sein. DAS wäre doch mal ein Job …

Ich liebe meine Arbeit im Hospiz und tue sie aus Überzeugung. Aber jetzt bin ich müde.

»Don't explain« spielt Herbie.

Recht hat er.

Ich will nichts mehr hören, nichts mehr erklärt bekommen.

Ich will keine Akten mehr lesen, auch keine schreiben.

Die Trauergruppe für hinterbliebene Kinder, die unser Hospiz seit Kurzem anbietet, hat rasanten Zulauf. Zuerst wollten wir als Team ein Hilfsangebot für die Kinder und Jugendlichen entwickeln, deren Eltern oder Großeltern bei uns im Haus versterben. Weil Kinder einfach anders trauern als wir Großen. Und weil sie dann manchmal Menschen gebrauchen können, die ihnen das Gefühl geben, in Ordnung zu sein. Menschen, die nicht wie Mama selbst traurig sind, sondern die Stabilität und Luft zum Atmen bieten können. Menschen, die auch Mama helfen können. Die auch mal nach Hause kommen und dafür sorgen, dass alle etwas Vernünftiges essen. Helfende.

Als wir unser Angebot immer mehr in die Öffentlichkeit trugen, rannten uns die kleinen, trauernden »Kunden« (die natürlich nichts bezahlen müssen!) und deren Familien die Türen ein.

Das habe ich heute per Excel in Diagrammform visualisiert, nachdem ich die Statistik entsprechend gefüttert hatte.

Es scheint mehr traurige Kinder zu geben, die Mutter, Vater oder ein Geschwisterteil verloren haben, als wir momentan betreuen können. Zahlen haben mich schon immer schnell müde gemacht. Aber von diesen hier wird mir schlecht!

Ich will keine traurigen Kinder mehr sehen! Noch nicht mal dann, wenn sie als Zahl in einer Statistik auftauchen! Ich will nichts mehr über gestorbene Väter oder Geschwister hören! Ich will keine besonders schwierigen Fälle mehr dokumentieren, die Einzelbetreuung durch Trauerbegleitpersonal brauchen!

Ich bin es leid!

»Hush now! Don't explain …«

Meine Arbeit nimmt mich mit. Ich krieche auf allen vieren ins Wochenende. Zu erschöpft, um mich darauf zu freuen.

»Siehste?! Du bist eben nicht dafür gemacht!«, flüstert es in mir.

»Nein, nein! So ist es ja nun nicht!«, halte ich sofort dagegen.

Immerhin gehöre ich zu den wenigen im Hospiz, die überhaupt ein aussagekräftiges Excel-Diagramm zustande bringen! Meine Kollegin ist heilfroh, dass sie das nicht machen muss! Dass sie dank meiner Hilfe mehr Zeit hat, um sich um die Kinder und deren Not zu kümmern. Nein, nein – ich bin hier schon eindeutig am richtigen Platz.

Das sehe nicht nur ich so. Auch meine Kollegin ist froh, dass ich diese für sie komplett fürchterliche Statistik-Arbeit mache. Es ist also doch gut, dass ich da bin!

»Ja, für die anderen! Aber du wirst über kurz oder lang in der Klapse landen, wenn du glaubst, du wärst für diese Arbeit hart genug vorm Knie!«

Möglich. Ja, das kann sein.

... Kampf gegen den Krebs verloren – ... unter starken Schmerzen zu Hause verstorben.

... Kampf gegen die Depression verloren – ... der Vater hat sich suizidiert.

... die Trauerbegleiterin hat mit dem Mädchen eine Haarsträhne der verstorbenen Mama als Erinnerung abgeschnitten.

Es tut mir in der Seele weh, so etwas zu tippen.

Ich würde eigentlich gern mal eine Akte anlegen, in der so was steht wie »Die Mutter des kleinen Luis hat den Krebs für immer besiegt und wir schenken der Familie deshalb einen Urlaub in Disney World!«.

Ich möchte eine Statistik anlegen über die Menschen, bei denen am Ende alles gut geworden ist.

Wenn ich schon keine Klaviertaste von Beruf werden kann, dann möchte ich es gefälligst irgendwie anders nett haben! Aber ich fürchte, dafür habe ich leider schon zu viel mitbekommen. Der Disney-Zug ist abgefahren.

Spätestens in der Pubertät bemerken wir Menschen zum ersten Mal, dass hier nicht alles nach Wunsch geht. Dass in dieser Welt vieles nicht rundläuft. Und die meisten von uns werden auch irgendwann im Leben vom sogenannten »Leid« persönlich in die große Prüfung zitiert.

Die kann man vermutlich nur bestehen, indem man sie überlebt.

Egal wie.

»Quiet now, don't explain. There ain't nothing to gain …«

Müde

Die Leute würden sehen, dass ich ein Herz habe. Falls mich mal etwas persönlich angreifen sollte. Das wäre in Ordnung. Und normal. Was wir denn für Menschen wären, wenn uns solche Schicksale nicht mitnehmen würden?! So haben sie es mir erklärt. Die Kollegen.

Was wäre ich ohne Empathie? Ein seelenloser Zombie vermutlich.

Was wäre ich ohne meinen Job? Arbeitslos. Nicht so schlimm, da würde sich schon was Neues finden. Ohne diese Akten und diese Statistik wäre ich heute auf jeden Fall eins: Ich wäre ein Mensch mit weniger Problemen!

Gäbe es weniger Probleme? Oder würde ich nur weniger von ihnen sehen?

Würde dieser Dreckhaufen, den wir Welt nennen, besser, wenn ich Jeans verkaufen oder kellnern würde?

Oder würden dann immer noch Eltern und Geschwister sterben? Wären die Kinder dann trotzdem traurig?

Würden Familien am Rande des Wahnsinns dann trotzdem nach Hilfe suchen?

»Sicher! Und du bist Superwoman, die das alles mit Excel in den Griff kriegt, oder was?! Glaubst du, du kämst nicht in den Himmel, wenn du nicht den ganzen Tag mit der Nase durch den Dreck der anderen rutschst oder was?!«

Ich weiß es nicht. Und nein, ich kriege es sicher nicht in den Griff. Die Welt wird nie tränenfrei sein. Ich bin nicht Superwoman. Ob ich in den Himmel komme, soll entscheiden, wer will.

Ich bin so müde.

Eigentlich fällt mir im Moment nur noch ein einziges Argument ein, das für diesen Job spricht. Kann sein, dass das ein Armutszeugnis ist.

Mir fällt eigentlich nur noch das zu alledem ein: In manchen Situationen werde ich mein Herz nicht mehr sanft nach vorne schieben. Ich werde es treten! Und dabei schreien: »Guck dir die Scheiße gefälligst an! Und dann überleg dir, was du redest, wo du arbeitest und worum du betest!!«

Ist es okay, wenn an manchen Tagen der Zorn mein letzter laufender Motor ist?

Wenn ich genau drüber nachdenke, ist mir die Antwort eigentlich egal.

Würde mich Gott heute Abend persönlich auf ein Glas Wein besuchen kommen – ich wäre zu erschöpft, um ihn um Erklärungen zu bitten.

Ich würde ein zweites Glas holen und Herbie Hancock den Rest überlassen.

»Hush now. Don't explain. There ain't nothing to gain. I'm glad you're back. But don't explain.«

Die Argumente dafür

Ich habe noch das ganze Wochenende gegrübelt, wie ich es bis Montag schaffen könnte, den inneren Tank wieder vollzukriegen. Ich habe mich gefragt, was meine Nächstenliebe mit mir machen darf.

Gibt es Argumente, die dafür sprechen, mich so fordern zu lassen?

Während ich grübelte, habe ich mit Gott Jazz gehört. Und während ich rätselte, habe ich mit meinen Kindern bunte Bilder gemalt. Ich lag in der Badewanne, während ich mir meine Gedanken machte. Während ich nachdachte, habe ich einen DVD-Abend mit Ryan Gosling abgehalten. Während ich mir den Kopf zerbrach, habe ich mit unseren Freunden gemeinsam gekocht, gelacht, geschwiegen und gegessen.

Nichts davon macht die Welt besser.

Niemand wird so von Krankheit geheilt oder wieder zum Leben erweckt.

Aber während ich mir hochtrabende Gedanken über mich und mein Verhältnis zur Nächstenliebe gemacht habe, habe ich manches über die Liebe zu mir selbst gelernt.

Ich kann auf Dauer nicht gut für irgendwas oder irgendwen sein, wenn ich nicht damit anfange, gut zu mir selbst zu sein. Und zwar bewusst! Mit Ansage und konsequent!

Ich habe instinktiv das Richtige getan.

Ich habe mich mit Menschen umgeben, die mir das Gefühl geben, gesehen zu werden.

Ich habe zugehört. Meinem Körper und Herbie Hancock und meiner Seele.

Ich habe für mich gesorgt und für mich sorgen lassen.

Und festgestellt, dass ich dabei ganz aus Versehen höchst bibeltreu unterwegs war. »… und deinen Nächsten wie dich selbst.«

Jetzt erinnere ich mich wieder an die Argumente, die dafür sprechen.

Für das Leben zum Beispiel.

12 Fragen am Wegesrand

Ich bin wieder auf den Beinen. Ich rede und lache und arbeite wieder. Es läuft. Zumindest äußerlich.

Aber diese große, tiefe Müdigkeit will nicht so richtig weggehen. Sie ist zwar – der neu ausprobierten Selbstliebe sei Dank – nicht mehr so bestimmend wie noch vor Kurzem, aber ich konnte sie noch nicht zu einhundert Prozent abschütteln. Ich spüre sie auf der Haut um meine Augen. Ich bemerke, wie sie schwer auf meinen Schultern liegt. Und ich fühle sie in mir. Sie fesselt meinen Geist, meine Abenteuerlust, und sie macht es für mich anstrengend, Worte zu suchen und zu finden.

Ist es das Ende meiner inneren Reise, das sich auf diese Art ankündigt? Ich werde meinen Job im Hospiz so bald nicht freiwillig hergeben – das ist sicher! Aber ich liebäugele mit der Idee, meine nie enden wollenden Fragen an das Leben und den Tod jetzt auf Eis zu legen. Ich könnte Gott einen guten Mann und die Welt einfach die Welt sein lassen. Dienst ist Dienst und Schnaps ist Schnaps – das klingt als neues Motto gar nicht mal so schlecht …

Will meine Müdigkeit mir etwas sagen? Kann sie vielleicht sogar etwas für mich tun? Werde ich bald die Schnauze voll haben und kann oder will es nur noch nicht so recht einsehen? Oder ist meine innere Müdigkeit vielleicht nichts anderes als eine freundliche Einladung zur Ruhe? Zur inneren Ruhe?

Ein spannender Gedanke! Innere Ruhe klingt gut. Ich wünsche sie mir wie sonst kaum etwas – ja, ich suche regelrecht danach! Wenn ich genau darüber nachdenke, bin ich eigentlich nur deshalb aufgebrochen. Ich wollte Antworten, damit meine Seele endlich still wird.

Was ich mir wünsche und wonach wir uns doch eigentlich fast alle sehnen, sind weniger die sechs Wochen auf den Malediven (wobei ich da jetzt … na ja lassen wir das). Was ich mir wirklich wünsche, ist Seelenfrieden.

Nein, ich möchte nicht wegMÜSSEN, um runterzukommen. Nicht weg in den Urlaub, nicht weg in Alkohol, Seifenopern oder sonst wohin. Ich möchte nicht auf der Flucht vor dem Wahnsinn leben. Ich möchte in meinem Alltag erst gar nicht durchdrehen, wenn's geht.

Innere Ruhe? Ja! Gern.

Hallo Müdigkeit, zeig mir den Weg. Ich bin bereit, dir nachzugehen, wenn du versprichst, mich nicht in ein taubblindes Seelenkoma zu führen. Ich werde dir zuhören, wenn du mir den Weg in die ehrliche Ausgeglichenheit und zum inneren Frieden zeigst. Sing du meiner Seele ein Schlaflied, damit sie ruhig werden kann. Ich will sie nicht betäuben oder übertönen müssen, damit sie endlich still ist. Ich wünschte, ich könnte mein Herz wie ein Baby wiegen und dabei leise summen. Damit es zur Ruhe kommt.

Werde ich je ausgelernt haben? Sicher nicht.

Wann werde ich mich aus meinem selbst angezettelten Lebensunterricht entlassen und Frieden geben? Findet man Frieden, solange man läuft? Wo ist ein Platz für mich – für meinen Glauben und meinen Unglauben, für mein Zweifeln und meine Neugier? Werde ich jemals absoluten Frieden mit Gott finden? Ohne schlechtes Gewissen oder zorniges Unverständnis?

Um die Kurve mit John Scofield

Ich bin nicht traurig. Ich sitze erschöpft am Wegesrand und schaue von einer Seite zur anderen. Ich begutachte den Weg, der hinter mir liegt. Ich sehe dort mein liebes Fräulein Lilienthal, die mich über die Kunst des Abschiednehmens viel gelehrt hat. Harry, den Heiden, und die Frage nach dem Ausmaß der Gnade Gottes. Ich schmunzle beim Gedanken an Wutgottesdienste. Ich denke gerührt an Gottes »Trotzdem« und sein »Weil« und staune über seine Schöpfung beim Gedanken an die Menschen und den Friedwald.

Ich bemerke, dass meine innere Reise bisher auch eine höchst musikalische Angelegenheit war. Ich kann mit Fug und Recht feststellen: Melodien helfen mir beim Verstehen, aber auch beim Loslassen, wenn ich nicht in der Lage bin, zu begreifen.

Ich betrachte auch mich selbst und die Veränderungen, die ich an mir feststelle. Ich weiß manches, das ich vorher noch nicht wusste. Anderes habe ich als für mich unglaubwürdig entlarven können. Ich bin leiser geworden, aber gleichzeitig mutiger.

Wenn ich an Gott denke, fühle ich mich mittlerweile oft wohl und muss auch manchmal lächeln. Das war am Anfang meiner Reise anders. Wenn ich mich jetzt Gott zuwende, weil ich irgendetwas auf dem Herzen habe, dann höre ich mich oft laut seufzen, obwohl ich meist stumm bete. Manchmal bin ich nach dem Beten ein bisschen erleichtert oder sogar entspannter als vorher. Nicht immer, aber manchmal – und ich glaube, dass das ein Fortschritt für mich ist.

Und dann wende ich den Kopf zur anderen Seite der Straße. Und ich erkenne nicht genau, was noch vor mir liegt. Ich frage mich, was hinter der nächsten Kurve auf mich wartet. Sollte ich vielleicht froh darüber sein, dass ich es noch nicht weiß? Wann werde ich es schaffen, der Angst davonzulaufen?

Ich habe mich selbst auf die Reise geschickt. Wann schicke ich mich wieder heim? Und wo ist das? Werde ich je Ruhe finden? Gibt es Ruhe vor dem Tod?

Ich glaube nicht. Aber ich denke, es gibt Rastplätze.

Und es gibt John Scofield mit seiner Gitarre.

Wenn ich mal wieder Heimweh und Fernweh zugleich habe oder wenn ich Angst vor der nächsten Kurve bekomme, dann höre ich seine herzrührende Instrumentalaufnahme von Elvis' Titel »There will be peace in the valley for me some day …«

Und während ich höre, nicke ich lächelnd, weil mein Glaube daran mit jeder Rast und mit jedem Schritt meiner Reise stärker wird.

13
Licht (der Welt) an – Licht (der Welt) aus?

Man kann heilige Momente weder festhalten noch einfangen noch herbeizitieren. Sie kommen, wann und wohin sie wollen, sie dauern nur ganz kurz und sind wieder vorbei, bevor man sie überhaupt identifizieren konnte. Und nachher steht, sitzt oder liegt man da und fragt sich, was das gerade war. Und man merkt, dass irgendetwas anders ist als noch kurz zuvor.

Manche sagen, dass der Moment des Todes ein heiliger Moment ist. Ich kann mir vorstellen, dass das stimmt. Aber genau weiß ich es nicht. Ich war noch nie beim Sterben eines Menschen unmittelbar dabei. Zumindest nicht bewusst. Ich saß schon oft am Schreibtisch ein Zimmer weiter, während jemand starb. Einige Male habe ich schon die Kerze angezündet, die im Hospiz steht. Aber noch nie habe ich selbst das Fenster geöffnet, damit eine Seele sich auf die Reise machen kann. Noch nie habe ich einen allerletzten Atemzug gehört.

Aber zum Glück und Gott sei Dank ist der Tod selbst nicht das einzig Heilige, was wir erleben dürfen.

Der Mann mit den bunten Klamotten

Mein Herz ist mal wieder schwer, als ich mich zu ihm an den Tisch setze. Er selbst sieht müde aus, während er seinen Nachtisch löffelt.

Das erste Gesicht, das ich an meinem ersten Tag im Hospiz zu sehen bekommen habe, war seins. Er – das ist der Mann, der mir an meinem ersten Tag hier das Haus gezeigt hat. Der, der alle Farben außer Schwarz trug und mich anlächelte, als ich vor lauter Angst und Unwissenheit im Trauerflor hierhergekommen war. Er war es, der zu mir gesagt hat, dass hier möglichst viel »Johanna« gebraucht wird. Dass er mir besonders lieb und teuer wurde in meiner Zeit hier, ist demnach klar. Thomas heißt er.

Ja, mein Herz ist mal wieder schwer nach diesem Arbeitstag. Ich habe die Jacke schon an und bin fast aus der Tür, als ich ihn im Vorbeigehen am Mittagstisch sitzen sehe. Die anderen sind schon fertig mit Essen, er ist allein. Und obwohl – oder vielleicht auch weil – ich für oberflächlichen Small Talk nicht in Stimmung bin, setze ich mich zu ihm.

Man traut sich, ihm ehrlich zu antworten, wenn er fragt, wie es einem geht. Dass mich in letzter Zeit so manches bewegt, sage ich. Und dass ich – bevor ich wusste, worauf ich mich einlasse – begonnen habe, ein Buch über das alles zu schreiben. Schweigen, Nicken. Kein bisschen skeptisch oder urteilend, eher ehrlich interessiert. Es ist fast unanständig, wie genau er einen anschauen kann.

Dass er müde aussieht, traue ich mich ihm zu sagen. »Ja, das bin ich auch«, antwortet er.

Seine Ehrlichkeit motiviert mich immer wieder, selbst ehrlich zu sein. Und ich erzähle von meinem Tag. Davon, dass er mich erfüllt und gleichzeitig angestrengt hat.

Ich habe heute »Happy Birthday« gesungen, gelacht und Bon-

bons verschenkt – fünf Minuten später einer weinenden Familie die Hände geschüttelt. Hier liegt alles so nah beieinander. Das ist manchmal sehr intensiv.

Und dieser eine neue Gast, mit dem ich heute geredet und Witze gemacht habe, ist für meinen Geschmack sowohl zu jung als auch zu sympathisch, um bald zu sterben.

Schweigen, Nicken.

Ich weiß, dass er das verstehen kann.

Er ist ein echter Gemeindemann. Ältester und alles. Ich mag ihn trotzdem.

Ja, trotzdem. Wenn wir alle Schafe sind und Gott der Hirte ist, dann bin ich wahrscheinlich ein Problemschaf, denke ich manchmal. Das, welches ständig abhaut – Hauptsache weit weg von den anderen – und sich in dem Zuge auch manchmal mit Anlauf kopfüber in eine Schlucht stürzt. Während ich wegrenne, brülle ich meistens was von Freiheit und »alle anderen Schafe sind viel zu angepasst …«. Ich mache es oft weder mir noch meinem Hirten oder irgendwelchen Mitschafen besonders leicht. Und ich frage mich, ehrlich gesagt, ob ich eigentlich ganz richtig im Kopf oder im Herzen bin …

Ich lebe momentan ohne Kirchen- oder Gemeindezugehörigkeit, bin skeptisch und vielleicht auch irgendwie verletzt. Was mit »Gemeinde …« anfängt, ist mir erst mal suspekt. Ich bezeichne mein Leben als Christin nicht als perfekt oder beispielhaft – im Gegenteil. Dafür, dass ich so fragwürdig performe, schreibe ich relativ viele Bücher darüber.

Irgendwie ist das alles noch nicht so ganz in Ordnung mit Gott, den Mitschafen und mir, denke ich oft. Ich komme aus meiner selbst gewählten Außenseiter-Rolle nicht heraus. Ob es nun an mir liegt oder an den Kirchen und Gemeinden: Wir sind einander irgendwie fern.

Thomas ist mir nicht fern, während er seinen Nachtisch verspeist. Und das liegt nicht nur daran, dass wir nebeneinandersitzen. Ich bemühe mich, genauso aufmerksam zu gucken, wie er es immer tut, während er mir erzählt, wie ihn die Arbeit in der Gemeindeleitung immer wieder fordert. Wie anstrengend es ist, diese heilige Freiheit, die Gott für uns sein möchte, in Strukturen und in irgendetwas Gemeinschaftskompatibles zu übersetzen. Er sieht wirklich müde aus.

Er wisse nicht, ob er das auf lange Sicht durchhalten könne. Dieses ewige Herzblut, dieses immer wieder vorkommende Scheitern in der Praxis.

Jetzt ist es an mir, zu schweigen und zu nicken. Und ich verstehe ihn wirklich. Ich weiß – wie so viele von uns! – wie es sich anfühlt, wenn das System Religion mal wieder an seine Grenzen stößt. Das letzte Ausatmen der zwischenmenschlichen Liebe habe ich in Gemeinden schon oft genug gehört, und in so manchem Gottesdienst hätte ich in der Vergangenheit am liebsten das Fenster geöffnet, damit wenigstens meine Seele rauskann.

O ja, ich verstehe seine Müdigkeit. Für die Arbeit, die er in seiner Gemeinde zu leisten versucht, bin ich wahrscheinlich zu faul. Oder zu schwach. Oder sonst irgendwie nicht geeignet. Diese Nerven habe ich nicht – ich haue lieber ab.

Ich bewundere seinen außerordentlich guten Willen und seine Überzeugung und will ihm nichts davon ausreden – trotzdem muss ich kommentieren, was er erzählt hat. Dass er diese Arbeit vielleicht auch gar nicht auf lange Sicht durchhalten MUSS, sage ich. Gott habe keine Opfer nötig. »Du kannst in einer Fünf-Minuten-Aktion unter Umständen – und wenn Gott es will erst recht – mehr für einen Menschen tun, als an anderer Stelle in fünfundzwanzig Jahren.«

Er stimmt mir zu und antwortet, dass er genau das auch gesagt hätte, wenn er jemand anderem in vergleichbarer Lage hätte zuhören dürfen. Ja, genau das hätte er nicht besser ausdrücken können! Hui, jetzt fühle ich mich aber ganz schön schlau.

»Aber«, fragt er, »kennst du das, wenn das Wissen einfach nicht den Weg vom Kopf ins Herz findet?«

»O ja!«, sage ich und lache fast ein bisschen. »Das Problem kenne ich!«

Jetzt schweigt und nickt er wieder.

Nachdenkliche Stille.

»Na ja, ich bin aber vielleicht keine gute Ansprechpartnerin für so was!«, relativiere ich schnell. »Ich lebe immerhin ohne Gemeinde.«

Jetzt nickt er nicht. Jetzt schweigt er nur.

Dann guckt er wieder so verunsichernd genau in mein Gesicht und sagt ganz ruhig und gelassen: »Nein. Das tust du nicht. Du lebst nicht ohne Gemeinde. Du hältst dich nur nicht so oft im selben Raum auf wie sie.«

Gottes Kompliment

Das war er, der Moment. Er wird mich für den Rest des Tages nicht loslassen.

Was, wenn er recht hätte? Wenn ich eigentlich gar nicht ohne Gemeinde – ohne die Gemeinschaft der Gotteskinder – leben würde ... Wenn ich doch eigentlich genau mittendrin wäre – außer vielleicht sonntags ...

Wenn ich es gelten lassen dürfte, mit Christen, aber auch Anders- oder Garnichtgläubigen Gemeinschaft zu haben – im Lachen, im Weinen, im ganzen Leben und im Sterben ... Wenn ich einfach querfeldein lieben dürfte – ohne mich der Formgebung einer Gemeinde anschließen zu MÜSSEN, um in Ordnung zu sein ...

Was, wenn Gott meine erbärmliche Performance schon ausreichen würde, um mich uneingeschränkt gut zu finden? Wenn er sogar mit viel weniger zufrieden wäre … Wenn Gott – die Liebe – mich, so wie ich bin, gar nicht mehr lieben könnte, als er es bereits tut …

Dann wäre ich in Ordnung.

In Ordnung mit oder ohne Gemeinde, in Ordnung mit allen meinen christlich-sozialen Verhaltensauffälligkeiten. Dann wäre Gott imstande, mich, sein altes Katastrophenschaf, als nützliches Mitglied der Gesellschaft zu gebrauchen. Ja, das wäre für mein Selbstbewusstsein mal eine echt frohe Botschaft! Ich glaube sogar, dass es sich lohnen könnte, diese Info auch anderen zuzusprechen: »Du bist in Ordnung. Findet Gott übrigens auch.«

O wie schön wäre es, wenn mir und uns allen diese Erkenntnis eines Tages vom Kopf ins Herz rutschen könnte!

Und Gott packt – das scheint ihm Spaß zu machen – sogar noch einen drauf! Wenn ich genau darüber nachdenke, hat er ja gar nicht gesagt, dass wir – nach Konfirmation, Jugendstunde, Gitarrenkurs und langjähriger Vereinsmitgliedschaft – die eventuelle Chance haben, als »Licht der Welt« eingesetzt zu werden. »Wir müssen nur noch deinen Lichtschalter finden …«

Licht der Welt an – Licht der Welt aus?

Nein, so war das nicht!

Wenn ich genau darüber nachdenke, heißt es: »Ihr SEID das Licht der Welt.«

Wir sind es schon.

Ich bin es schon.

So halb gar ich auch oft in meinen Lebensumständen herumhänge und so viel »Trotzdem« ich immer wieder benötige – Gott hat gesagt, dass ich das Licht der Welt bin. Ja, das hat er.

Das ist kein Befehl, keine Vorgabe und kein »Du sollst«.

Das ist ein Kompliment.

14
Du nicht! Bitte …

»In 2014 konnten wir 106 Gäste im Hospiz aufnehmen, davon waren 61 Frauen und 45 Männer. Im Durchschnitt blieben die Gäste 27 Tage, der Altersdurchschnitt lag bei 70 Jahren.«

Diese Zahlen sind interessant und zunächst mal wenig berührend. Vielleicht können sie dabei helfen, etwas zu benennen oder zu erklären, was bei noch genauerem Hinsehen zu traurig wäre. So ein gut berechneter Altersdurchschnitt sagt viel aus – wird aber sowohl nach oben als auch nach unten von persönlichen Schicksalen durchbrochen.

Alex, der nicht zum Arbeiten hier ist

Er macht es uns allen leicht und gleichzeitig schwer.

Er macht es uns leicht, ihn zu mögen, und deshalb schwer, ihn als Gast hier zu haben. Als Freund wäre er vielen von uns lieber. Selbst diejenigen Kollegen, die ich für professionell und relativ abgebrüht halte, sind von ihm und seinem Schicksal bewegt.

Er macht es uns schwer, weil er so jung ist. Jung, witzig und liebenswert. Er macht es uns schwer, weil er es selbst schwer hat. Mit

Anfang dreißig ist er zum Sterben ins Hospiz gekommen. Seinen Charme und seinen Humor hat er mitgebracht. Wir könnten uns an ihn gewöhnen. Und wir würden es auch gern.

Irgendwie war ich bei den Letzten, als wir alle nach dem gemeinsamen Frühstück den Tisch abräumten. Als ich aus der Küche zum abgedeckten Tisch kam, saß nur noch der Neue dort. Weil er in einem dieser riesengroßen und sehr unhandlichen Pflegerollstühle saß, bot ich ihm an, ihn noch irgendwohin zu fahren. Zum Rauchen oder so.

Nein, er wolle noch einen Moment hierbleiben. Einen Kaffee würde er aber noch nehmen, sagte er gerade so machomäßig, dass ich ihn dabei noch charmant finden musste. Bei Charme gibt's Kaffee – das ist eine meiner obersten Umgangsregeln. Da hat er aber Glück gehabt, der junge Freund!

Dass wir uns noch nicht so richtig kennengelernt hätten, sagte ich und erklärte, wie ich heiße und dass ich eben auch zum Team hier gehöre. »Ich heiße Johanna Klöpper und arbeite hier in der Verwaltung mit.« So lautet mein Verschen. Lächeln und Handschlag.

Klar, dass wir uns siezen, ich habe ja laut und deutlich meinen Nachnamen gesagt. Ich nun wieder und die professionelle Distanz … Läuft doch.

Er gibt mir ebenfalls die Hand und zerstört meine gesamte Professionalität mit einem Lächeln und dem Satz: »Ich bin der Alex, und wie's aussieht, bin ich nicht zum Arbeiten hier.«

Falsch

Du hast doch nicht ernsthaft vor, bald zu sterben, oder? Du nicht! Bitte …

Ich kenne ihn fast gar nicht, aber hier ist er definitiv falsch! Ich sehe ihn vor meinem inneren Auge, Mädels klarmachen in einem Klub. Ich sehe ihn mit Gleichaltrigen (wie mir und meinen Freunden) durch die Stadt ziehen und Steaks essen. Im Job, im Freibad, im Supermarkt oder im Auto an der Ampel – ich sehe ihn so ziemlich überall, aber nicht hier.

»Einfach noch mal zwanzig Kilo zunehmen und die Haare etwas länger, wenn's geht. Diese Strickmütze auf der Glatze geht gar nicht, Alter. Hoch mit dir, du bist hier noch nicht fertig.«

Nein, er würde auch nicht sagen, dass er hier fertig ist. Aber der Krebs sagt, dass er es bald sein wird.

Dieser ekelhafte Krebs! Dieser bescheuerte Tod! Das ist doch alles kompletter Quatsch hier!

Sterben gehört zum Leben – das mag ja stimmen. Aber was hier läuft, ist einfach komplett unnatürlich. Gegen alle Normalität, gegen alles Richtige.

Zu Besuch kommt nur seine Mutter. Ich frage mich, wer dann wen tröstet.

Nein. Da kann ich so lange im Hospiz rumhängen, wie ich will: Der Tod bleibt ein Problem, ein Feind! Wenn ich könnte, würde ich den Tod gerne schütteln und ihm sagen, dass er an seinem Timing arbeiten muss! Kann ich aber nicht.

Und wenn ich mich trauen würde, würde ich auch Alex gerne schütteln und sehr laut sagen »Du nicht! Bitte …«

Sich »Profi« nennen, ist nicht schwer …

… Profi sein dagegen sehr. Befürchte ich.

Ich bin ja eine überzeugte Preußin. Ich fahre total gut mit gewissen Regularien, Grundsätzen und Prinzipien. Wenn ich eine

Chance habe, etwas nach Anleitung oder Vorschrift zu erledigen oder mich professionell zu benehmen, nutze ich sie. Schon aus reiner Unsicherheit. Verhaltensregeln geben Sicherheit wie kaum etwas anderes.

Da gibt es dann ein ganz klares »Richtig« und auch ein lupenreines »Falsch«. Ist doch schön!

Auf der Arbeit ist Professionalität absolut angesagt! Ich selbst würde weder mich noch meine Lieben in ein Hospiz schicken, das einen unprofessionellen Eindruck auf mich macht! Also los, jetzt gilt's! Zeig mal, ob du ein Profi bist, Johanna!

Wir sprechen im Hospiz lieber von professioneller Nähe als von Distanz. Klingt erst mal schlau und auch schön – ich hab nur leider keine Ahnung, wie das gehen soll …

Wenn Alex lacht, kann ich nicht anders als mitzulachen. Wer mich kennt, weiß, dass das bei mir zu extremen Kontrollverlusten führen kann. Wenn er flirtet, mache ich mit. Genauso, wie ich es auch bei meinen Freunden tun würde. Um so etwas »professionell« zu machen, bin ich im falschen Gewerbe.

Ich bin nicht sicher, wo mein berufsbedingter Abstand ansetzen muss. Telefonieren und lebensfroh rüberkommen, kann ich relativ gut – aber ab wann muss ich mich zurück- oder gar rausnehmen?

Ich weiß das alles nicht, aber eins weiß ich: Wenn Alex geht, dann werde ich weinen.

Wie weint man denn professionell?

15
Und wenn ich dann noch traurig bin …?

»… dann trink ich noch 'n Korn!«, singt der große Heinz Erhardt in einem dieser herrlichen alten Filme, die man sonntags während der Mittagsruhe so schön im Halbschlaf gucken kann.

Es ist sicher nicht ganz ernst gemeint, dass man einfach so lange Korn trinken soll, bis man nicht mehr traurig ist. Kann sein, dass es das in den Sechzigern war – heute würde jeder Hausarzt dringend davon abraten.

Die Frage an sich gilt aber noch heute. Wir stellen sie uns in jedem Jahrzehnt, manche von uns sogar jede Woche und jeden Tag aufs Neue: Was, wenn ich traurig bin? Was soll ich dann machen? Was unterlassen? Wohin gehen? Wie komme ich klar? Komme ich überhaupt klar?

Ich sehe ein: Der Tod wird nicht schöner, je näher ich mich an ihn heranschleiche! Er verliert zwar einige seiner Mysterien, wird ein kleines bisschen fassbarer – aber wie man professionell weint, weiß ich einfach noch immer nicht.

Die Beschäftigung mit der Hospizarbeit und der Palliativmedizin lehrt mich zwar, dass Schmerzen am Lebensende in vielen

Fällen kein »Muss« mehr sind – aber was ist mit den Schmerzen, die das Weiterleben unter Umständen für uns bereithält?

An die Nordsee fahren, Jazzmusik hören und klagend den Hiob machen? War es das schon? Sind das meine Waffen?

Wenn die große, böse Trauer auf mich zumarschiert, muss ich doch irgendetwas mit ihr anstellen können! Ich muss mich doch mit irgendwelchen Mitteln gegen sie behaupten können! Sie irgendwie verwandeln – bitte sagt mir nicht, dass ich sie einfach nur aushalten muss!

Suche ein Trauertutorial – biete verquollene Augen

Wenn die Menschheit in der Vergangenheit irgendeine Art von Umgang miteinander oder mit der Natur oder mit ihrer Suche nach Gott gebraucht hat, hat sie Traditionen und Bräuche entwickelt. Sachen, die man außen tut, damit es innen besser klappt. Waren diese Bräuche »zu gebrauchen«, also alltagstauglich und hilfreich, wurden sie weitergegeben, weiterentwickelt und durften sich irgendwann sogar »Tradition« nennen.

Auch für den Trauerfall haben wir uns unsere Bräuche und Traditionen erschaffen. Manche von ihnen sind aus mir unbekannten Gründen gerade dabei, auszusterben – ob sich dafür Neues entwickelt, ist noch unklar. Mal sehen …

Eine der ersten und offensichtlichsten Trauertraditionen, die ich kenne, ist das Anziehen von schwarzer Kleidung. Früher war das ein echtes Statement, für die Generation meiner Oma sagte ein schwarzes Outfit wirklich noch etwas aus.

Heute würde schwarze Kleidung allein nicht mehr als Zeichen von Trauer ausreichen. Es würde für Verwirrung sorgen, wenn ich jedes Mal fragen müsste: »Äh, sorry – nur ganz kurz: Bist du bildende Künstlerin von Beruf oder ist was passiert?«. Nein, das wäre Quatsch.

In unserer Gesellschaft gibt es heute keine Kleidungsregeln mehr, wie sie früher üblich waren. Das freut mich bei jeder Shoppingtour aufs Neue! Ich genieße unsere modische Freiheit – manchmal exzessiver, als mein Mann es sich wünschen würde. Es geht ja zum Glück so gut wie alles heutzutage.

Aber dort, wo alles geht, wird es auch zunehmend schwieriger, ein echtes Statement abzugeben. Und selbst WENN ich mich über Kleidung heutzutage noch klar positionieren könnte – Schwarz hin, bildende Kunst her – wie würde es mir mit einer äußerlichen Kennzeichnung überhaupt gehen? Würde ich einen deutlichen und auf den ersten Blick erkennbaren Kommentar zu meinem inneren Zustand überhaupt abgeben wollen?

Nein, eigentlich möchte ich nicht, dass jeder sofort an meiner Hose ablesen kann, wie es um mein Innerstes bestellt ist! Und auch bei anderen nehme ich äußere »Kennzeichnungen« erst einmal als schwierig wahr. Sie wirken stigmatisierend. Und dieser Begriff passt mir einfach nicht.

Vielleicht ist es wirklich nicht schlecht, dass der klassische Trauerflor ein Auslaufmodell ist. Trauer ist immerhin etwas sehr Persönliches! Und ich glaube nicht, dass sich Menschen, denen es schlecht geht, mit einer Art optischem Sonderstatus automatisch besser fühlen würden. Ich frage mich bloß: Wie hat dieser Brauch es dann so weit gebracht? Warum haben schon so viele Menschen das »Tragen der Trauer« für sich gewählt? Die können doch nicht alle dumm gewesen sein …

Ich erinnere mich an eine junge Frau, die mir neulich vom Verlust ihrer früh verstorbenen Mutter erzählte. Der Todesfall lag schon eine Weile zurück – sie konnte mittlerweile relativ gut darüber reden, und man merkte ihr an, dass sie Zeit gehabt hatte, Worte zu suchen und zu finden.

Sie erzählte eindrucksvoll von der Zeit, die sie kurz nach dem Tod ihrer Mutter erlebt hatte. Ich gewann eine leise Ahnung davon, wie es ihr den Boden unter den Füßen weggezogen haben muss. Ja, das klang nach Trauer … Besonders berührt hat mich ihre Schilderung eines Einkaufs im Supermarkt. Es ging ihr nicht gut an diesem Tag. Sie hatte schlecht geschlafen und weder genug gegessen noch getrunken. Sie fand sich kaum zurecht, war total unkonzentriert und suchte viel zu lange nach allem.

Und dann stand sie vor dem Regal mit dem Joghurt. Und sie stand da und rührte sich nicht. Minutenlang, total apathisch. Es ging irgendwie nicht anders.

Ein Herr mittleren Alters sprach sie an, zunächst noch recht höflich. Ob sie bitte kurz Platz machen könnte, fragte er. Sie hörte ihn nicht, nahm ihn noch nicht einmal wahr. Erst, als er sie anfuhr, weil sie auch auf mehrfaches Bitten nicht reagierte, wurde sie wieder wach.

»An diesem Tag wünschte ich mir zum ersten Mal ein Schild um den Hals«, sagte sie mir. Oder eine Uniform. Irgendetwas, das erkennen lässt, dass hier jemand im Ausnahmezustand unterwegs ist. Eine Kennzeichnung zu ihrem eigenen Schutz: »Bitte habt Geduld mit mir. Es geht mir nicht gut.«

Er hat vielleicht doch seine Vorteile, der gute alte Trauerflor. Da, wo es uns schwerfällt, unsere Traurigkeit immer wieder neu zu benennen, erledigt er das für uns.

Schwarz tragen ist nicht jedermanns Sache – das muss vielleicht auch nicht sein. Aber es wäre ab und an vielleicht hilfreich – am meisten für uns selbst –, wenn wir es schaffen könnten, aus unserer Traurigkeit kein Geheimnis zu machen.

Greifen und Begreifen

Auf zur nächsten fragwürdigen Trauertradition.

Früher waren ja Dinge normal, die wir heute zunehmend komisch finden. Es war noch vor hundert Jahren zum Beispiel völlig klar, dass ein Verstorbener für eine gewisse Zeit in seinem Zuhause aufgebahrt wurde. Da lag er dann im besten Anzug im Wohnzimmer, Kerzen, Blumen und die Verwandtschaft um ihn herum. Er wurde angeschaut, angefasst. Selbst die Kinder wurden dazu aufgefordert, sich selbst davon zu überzeugen, dass der Opa jetzt nicht mehr atmet und seine Haut kalt wird.

Auch wieder so eine Tradition, die vom Aussterben bedroht ist. Ein Verstorbener im eigenen Wohnzimmer wirkt auf viele von uns heutzutage befremdlich bis abstoßend. Ich finde diesen Gedanken zunächst auch gruselig. Und ich habe ebenfalls keinen besonders starken Impuls, einen Toten anzufassen. Aber dass auch dieses Verfahren nicht grundlos praktiziert wurde, verstehe ich mittlerweile etwas besser …

In der Hospizarbeit wie in guter Trauerbegleitliteratur höre und lese ich immer wieder, dass der Tod eines geliebten Menschen erst einmal verstanden werden muss, damit die Trauer, im Anschluss an das Verstehen, ihren Gang gehen kann. Das Verstehen ist der erste Schritt. Und ich höre immer wieder von Menschen, denen dieses Verstehen über sehr lange Zeit wirklich schwerfällt.

Sie warten manchmal noch nach Monaten unbewusst auf das Geräusch des Schlüssels im Türschloss. Manche Ehefrau deckt auch Wochen nach der Beerdigung noch aus Versehen einen Platz zu viel am Mittagstisch. Der Kopf kann manche Info aufnehmen und abspeichern – mit echtem Verstehen hat das aber nicht immer etwas zu tun.

Fachleute (und alte, weise Omas) sind sich darüber einig, dass das »Be-Greifen« beim Begreifen helfen kann, wenn das Herz mit dem Kopf nicht Schritt hält.

Es wird nicht in jedem Trauerfall die Möglichkeit angeboten, persönlich von dem oder der Verstorbenen Abschied zu nehmen. In Krankenhäusern ist es schon aus organisatorischen Gründen oft nicht möglich, einen verstorbenen Menschen für einen oder zwei Tage aufgebahrt zu lassen. Nach einem Suizid zum Beispiel wird der Körper des Verstorbenen oft Bestandteil polizeilicher Ermittlungen, um festzustellen, ob ein Fremdverschulden vorliegen könnte. Diese Umstände können für Hinterbliebene zu einem größeren Problem werden, als man zunächst meint. Weil das Begreifen wichtig ist.

Auch wenn es im eigenen Zuhause vielleicht nicht möglich ist oder andere Umstände eine persönliche Konfrontation mit dem eigenen Verlust erschweren, gibt es doch Möglichkeiten, die wir nutzen können und vielleicht auch sollten. Ein guter Bestatter zum Beispiel kann in vielen Fällen einen persönlichen Abschied ermöglichen, auch in der ambulanten wie stationären Hospizbewegung oder palliativen Krankenhausstationen wird zum persönlichen »Begreifen« des Todes ermutigt.

Auch das ist wieder ein ziemlich polarisierender Brauch. Ich bewege mich auf heißem Pflaster. Aber ein »Ach, egal …« wird man bei der eigenen Konfrontation mit Tod und Trauer kaum finden können.

Der Weg ist nicht immer das Ziel, sondern zunächst mal der Weg

Wieder muss ich eine Lanze für meine Generation brechen.

Nur, weil wir viele traditionelle Angelegenheiten und Umgangsweisen anzweifeln, hinterfragen und teilweise verwerfen, heißt das nicht, dass wir totale Ignoranten wären und einfach gar nichts machen. Auch in meiner Altersklasse beobachte ich Trends, die durchaus das Zeug haben, für Trauernde eine echte Möglichkeit für den Umgang mit ihren Gefühlen zu bieten.

»Der Verlust ist ein Teil von mir geworden«, sagte mal jemand zu mir, als ich ihn auf seine Tätowierung ansprach. Er hatte seine Schwester durch einen tragischen Unfall verloren und sich ihre Initialen tätowieren lassen. Ich fand das erst irgendwie unangenehm. Den Namen einer Toten immer bei sich haben …? So, dass er nie mehr weggeht? Aber auch hier gilt wahrscheinlich: »Ach, egal …« gibt es in der Katastrophe nicht.

Manche eher traditionell denkenden Trauerbegleiter wie auch Menschen, die Tätowierungen an sich doof finden, würden das vielleicht nicht als Ausdruck von Trauer ernst nehmen. Aber ich denke, dass dieser eine Satz »Der Verlust ist ein Teil von mir geworden« viel Weisheit beinhaltet.

Ja, am Ende der Trauer (falls es jemals ein Ende gibt) kann es hilfreich sein, wenn man sieht, dass uns unser Verlust für immer gezeichnet hat. Dass zumindest unser Herz eine neue Tätowierung bekommen hat. Dass dieser furchtbare Weg, der da hinter uns liegt, trotz allem ein wesentlicher Bestandteil unseres Lebensweges ist.

Ich kann und werde hier nicht alle Trauerrituale dieser Welt benennen und auf Nützlichkeit hin bewerten. Aber ich glaube, dass in den drei genannten schon viel gute Substanz zu finden ist. Es gibt tatsächlich einige Möglichkeiten, mit deren Hilfe wir der Katastrophe nicht hilflos ausgeliefert sind.

Ob nun mit Aufbahrung, im Trauerflor, tätowiert oder auf komplett andere Art – wie auch immer wir es überleben: Begreifen ist ein Anfang. Traurigkeit ist ein Weg. Und wenn wir am Ende irgendwann sagen können, dass unser Weg eben unser Weg war, dann ist das ein gutes und erstrebenswertes Ziel.

16
Leib, Seele und Coldplay

Die Wände ihres Zimmers waren in einem warmen Apricot-Ton gestrichen, vor dem gekippten Fenster blähten sich lange, blütenweiße Gardinenschals im Wind. Es roch wie frisch gelüftet und die Möbel waren aus hellem Holz. Auf dem kleinen Tisch, um den drei Stühle standen, waren gelbe Tulpen in einer schlichten Glasvase arrangiert, und auf ihrem Nachttisch stand eines dieser kleinen, bunten Primel-Körbchen, die man jetzt, im Februar, schon überall kaufen kann.

Frau Morgenrot lag entspannt in ihrem Bett. Sie machte dabei einen sehr gepflegten und zufriedenen Eindruck. Ihre Armbanduhr und ihr Ehering lagen auch auf dem Nachttisch – ordentlich nebeneinander – daneben brannte eine Kerze.

Ich war gemeinsam mit einer Schwester vom Pflegepersonal in ihrem Zimmer. Wir beide unterhielten uns, die Atmosphäre war entspannt und angenehm.

Frau Morgenrot war seit etwa zwei Stunden tot.

Falsche Kandidatin

Ich war schon öfter von meinem Kollegium dazu ermutigt worden, mich persönlich von verstorbenen Gästen zu verabschieden, wenn ich es möchte. Vor allem, wenn ich persönlich mit einem Gast zu tun gehabt hatte, wäre das eine gute Sache. »Begreifen« und so. Beim täglichen Umgang mit Sterbenden gehört ein bewusster Abschied offensichtlich zur notwendigen Seelenhygiene.

Ich hatte mir zwar vorgenommen, das eines Tages wirklich mal zu machen – die Gäste, mit denen ich bisher näheren Kontakt gehabt hatte, habe ich aber nach ihrem Tod immer irgendwie verpasst. Teilzeitstellenbedingt.

Und insgesamt hatte ich das auch eher als mittelfristiges Vorhaben angesetzt. In Aktion wollte ich erst irgendwann später gehen. Wenn ich den nächsten psychischen Reifegrad erreicht haben würde oder so.

Und dann stand heute Morgen meine Kollegin vor mir und sagte, dass Frau Morgenrot (ich habe den Namen geändert) aus Zimmer fünf es wahrscheinlich bald geschafft haben würde. Vielleicht sogar noch heute.

»Sie hat es geschafft« ist bei uns ein gängiger Ausdruck für das Versterben eines Gastes. »Sie hat es bald geschafft«, sagen die Leute aus der Pflege, wenn in den nächsten Stunden mit dem Eintritt des Todes zu rechnen ist.

Es dauerte tatsächlich nicht lange, bis eine Krankenschwester die Kerze neben meinem Arbeitsplatz anzündete. Ich hatte insgeheim gehofft, dass Frau Morgenrot sich Zeit lassen würde, bis ich Feierabend gemacht hätte.

Irgendwie wird mir doch immer ein bisschen elend in solchen Momenten. Und ich weiß nicht warum, aber wann immer ich auf der Arbeit vom Tod eines Gastes höre, suche ich intuitiv Augenkontakt mit dem Himmel. Keine Ahnung, was ich da zu sehen hoffe oder glaube ...

Ich kannte Frau Morgenrot nicht persönlich. In ihrer Zeit im Hospiz war sie bettlägerig und es ergab sich auch nie eine Situation, in der ich in ihr Zimmer gemusst hätte. Klar, dass ich mich von ihr nicht persönlich verabschieden würde. Gar nicht nötig. Warum auch?! Von solchen Fällen haben die Kollegen ja sicher nicht gesprochen, als sie mich animierten, mich persönlich von Gästen zu verabschieden. Nein, das wäre keine passende Kandidatin für einen posthumen Besuch. Das wäre ja absurd. Wer läuft denn schon freiwillig und mit Ansage in das Zimmer einer Toten, die man vorher noch nicht einmal persönlich kannte?

Und was genau macht man in so einem Zimmer eigentlich? Außer sich zu gruseln?!

Würde es mir irgendetwas nützen, mir diesen Anblick zuzumuten? Oder hatte ich einfach nur Angst? Und wenn ja, wovor genau?

Schwester

Die Krankenschwester, die heute für Frau Morgenrots Pflege zuständig gewesen war, sitzt allein am Mittagstisch, als ich gerade Feierabend machen will. Sie spricht mich an und will wissen, wie viele Stunden ich mittlerweile arbeite, wie mir das gefällt und wie es mir geht. Ein kleines Schwätzchen – sie ist halt einfach in Ordnung!

Und dann kommt ja manchmal im Leben diese eine Sekunde Kontrollverlust, die einen entweder nach vorne oder auch zum Verzweifeln bringen kann. Ich schaue sie an, denke nicht lang nach und sage, dass ich noch nie im Zimmer einer Verstorbenen war.

Mögliches Albtraumszenario eins: Die Schwester guckt verständnislos und sagt: »Und was hat das jetzt mit MIR zu tun?!«

Mögliches Albtraumszenario zwei: Die Schwester guckt verständnislos und sagt: »Da dürftest du ja auch gar nicht rein – dass du auf solche Gedanken kommst, gibt mir zu denken!«

Realität (oder auch ein Albtraumszenario?): Die Schwester lächelt freundlich und lädt mich herzlich ein, mit ihr gemeinsam in Zimmer fünf zu gehen. Auweia.

Keine zwei Minuten später folge ich ihr schweigend und mit weichen Knien. Die Laterne steht am richtigen Platz. Die Schwester (sie ist mir weiß Gott eine Schwester in diesem Moment!) dreht sich vor der Tür zu mir um und sagt: »Atme mal tief durch. Da drin ist nichts Schlimmes.«

Also konnte man meinen Puls auch außerhalb meines Kopfes hören. Ich hatte es befürchtet.

Dann klopft sie und erklärt mir, dass sie das auch bei Verstorbenen grundsätzlich so macht. Das Zimmer ist das Zimmer des Gastes – auch wenn er es im verstorbenen Zustand bewohnt – und man klopft ja immer an, wenn man anderer Leute Zimmer betritt.

Und dann treten wir ein.

»Hallo, Frau Morgenrot, ich bin es noch mal!«

Wieso redet sie mit der Frau?!

»Ich habe jemanden mitgebracht – wir wollten Sie gerne noch mal besuchen!«

Ich rieche. Alles frisch und normal.

Ich höre. Keine Antwort. Das war zu erwarten.

Ich traue mich, hinzuschauen.

Frau Morgenrot liegt entspannt in ihrem Bett. Sie ist ein bisschen blass – man könnte aber trotzdem meinen, dass sie jeden Moment aufwacht. Aber entspannt hin, Normalität her: Ein bisschen flau ist mir schon.

»Oh, ich weiß wie du dich fühlst!«, sagt die Schwester – meine Schwester – und lächelt mich an. Und dann nimmt sie mir, gemeinsam mit Frau Morgenrot, meine Angst, indem sie mir alles, was ich sehe oder auch nicht sehe, freundlich und unverkrampft erklärt.

Sie hatte Frau Morgenrot einmal komplett gewaschen und frisch gemacht, nachdem ihre Atmung und der Herzschlag ausgesetzt hatten. Frisch gewaschene Kleidung, gekämmte und frisierte Haare – all das gehört zum Programm. Ihre Hände sind gefaltet, unter ihrem Kinn liegt ein zusammengerolltes Handtuch, das den Mund geschlossen hält, bis die Leichenstarre das übernimmt. Einfach, weil es so schöner aussieht.

Sie hatte das Fenster offen gelassen – wegen des Schneewetters draußen nur gekippt. Frische Luft und Freiheit. Falls die Seele ein offenes Fenster gebrauchen kann.

Die Schwester streicht Frau Morgenrot über das Haar, während sie redet. Ich wundere mich darüber, dass diese Geste nicht unnatürlich, sondern – im Gegenteil – total logisch auf mich wirkt.

»Der Tod ist ein Prozess«, sagt sie, »wie eine Geburt. Ein Prozess braucht seine Zeit. Und weil Frau Morgenrot noch im Prozess ist, ist es wichtig, dass wir noch immer mit ihr sprechen und freundlich zu ihr sind. Wir wissen zwar, dass sie ›klinisch tot‹ ist, aber was sie noch wahrnehmen und spüren kann, können wir nicht mit letzter Sicherheit sagen.«

Ich denke, dass dieser Umgang auch für mich seine Vorteile hat.

So, wie sie nun daliegt, ist sie für mich nicht einfach nur ein toter Organismus. Nein, auf keinen Fall! Ich habe das natürliche Bedürfnis, ihr höflich und mit Respekt zu begegnen. So, wie es mir in der Kinderstube beigebracht wurde. Man ist höflich zu den Leuten, man sagt »Guten Tag«. Ich würde das zum Beispiel bei einer Schaufensterpuppe sicherlich nicht tun – aber bei Frau Morgenrot ist es für mich absolut angebracht! Ich ertappe mich dabei, wie ich immer wieder ihren Brustkorb beobachte, weil ich einfach nicht richtig begreifen kann, dass sie wirklich nicht mehr atmet.

»Viele Sprichworte rund um den Tod vermitteln eine tiefe Wahrheit«, sagt die Schwester. »Dass das Essen Leib und Seele zusammenhält, ist der verständliche Grund dafür, dass Angehörige sich oft sehr schwertun, wenn ihre Sterbenden nicht mehr essen wollen oder können. Das Essen ist doch eigentlich so wichtig. In einem Sterbeprozess aber«, sagt sie und nimmt sich einen Stuhl, »im Sterben wollen sich Leib und Seele voneinander trennen. Und wir machen es den Sterbenden unnötig schwer, wenn wir uns diesem Prozess in den Weg stellen.«

Diese Trennung passiert nicht in einem einzigen Moment. Die Organe stellen ihren Dienst nach und nach ein, jedes zu seiner eigenen Zeit. Der Tod ist kein Sekundenphänomen.

Seit vielen Jahren schon begleitet sie Menschen beim Sterben, erzählt mir die Schwester. Sie ist sich durch ihre Erfahrungen sicher, dass die Menschen dabei auch nach dem klinischen Tod noch weiterreisen. Dass es nicht zu Ende ist.

Ich weiß nicht, ob sie Christin oder sonst irgendwie religiös ist. So oder so – ich stimme ihr intuitiv zu. Und dann vergleicht sie den Sterbeprozess mit einer Wanderung durch einen dunklen Wald. Ein Bild, das ich total einleuchtend finde. »Bei dieser Wanderung begleite ich die Sterbenden. Es ist dunkel und vielleicht auch gruselig in diesem Wald, aber ich gehe mit ihnen, ich lasse sie nicht allein auf ihrem Weg«, sagt sie. »Und dann irgendwann ist der Wald zu Ende und ich sage zu den Menschen, dass sie den Weg ab jetzt alleine finden. Dass es Lichter geben wird, die ihnen ab hier, ab der Schwelle des Todes den Weg zeigen.«

Ich muss an Coldplay denken.

»Lights will guide you home…«

Wo Frau Morgenrot wohl gerade ist? Was sie wohl sieht? Der Körper, den sie gerade verlässt, lässt zumindest darauf schließen, dass der Abschied, den Leib und Seele voneinander genommen haben, so weit gut gelaufen ist. Sie ist gut am Waldesrand angekommen. Wenigstens wirkt es auf mich so. Ab hier schafft sie es allein.

Was ich gesehen und gehört habe, war für mich wertvoller als gedacht. Ich streichle über Frau Morgenrots kühle Hand und sage: »Auf Wiedersehen, Frau Morgenrot! Ich wünsche Ihnen alles Gute!« Und ich meine es ernst. In Gedanken singe ich ihr den Refrain der Coldplay-Nummer »Fix you« zu. Dann gehen wir.

Auf dem Gang umarmen »meine« Schwester und ich uns. Das ist nach diesem gemeinsamen Erlebnis einfach das einzig Richtige, finde ich. Ich war heute zum ersten Mal bei einer Frau, die es bis zum Waldrand geschafft hat. Bei einer Verstorbenen.

Waren wir nun zu zweit oder zu dritt in diesem Zimmer? Ich würde ganz klar sagen: Wir waren zu dritt!

Warum?

Vielleicht, weil wir alle unsere Würde hatten.

Steffi und die weichen Knie

Meine Hospizlektorin heißt Stephanie »die Teamplayerin« Wagner und ist die Pflegedienstleiterin im Hospiz »Haus Emmaus« in Wetzlar. Ohne sie hätte es dieses Kapitel nicht gegeben, weil ich mich ohne ihre konkrete Ermutigung nicht getraut hätte, diese Erfahrung zu sammeln.

Sie war es auch, die mit einer Tasse schwarzem Kaffee, mit Zeit und offenen Ohren im Hospizwohnzimmer auf mich wartete, nachdem ich auf weichen Knien aus Frau Morgenrots Zimmer kam.

Danke Kollegin!

17
Weil es nichts nützt

Heute habe ich wieder Alex getroffen. Er saß auf der Raucherterrasse, als ich zur Arbeit kam. Ich habe ihn heute nicht gefragt, ob er einen Kaffee will. Obwohl ich mir vorgenommen hatte, das immer zu tun. Heute habe ich ihn nicht gefragt. Er meidet den Augenkontakt, er hat keine Lust auf Reden. Ich lasse ihn lieber in Ruhe.

Nein, er hat es noch nicht geschafft. Ich weiß nicht, ob ihn das freut oder traurig macht. Für mich ist es beides. Ich bin froh, dass er noch bei uns ist, aber ich bin traurig zu sehen, wie schlecht es ihm im Leben und im gleichzeitigen Sterben geht. Der Tod kann Strafe oder Erlösung oder beides sein, denke ich. Aber wie genau es in ihm aussieht, weiß ich nicht.

Er hat keine Lust auf Reden. Deshalb weiß ich es nicht. Er hat auch keine Lust auf die Besuche unserer Ehrenamtlichen, die sich nach Leibeskräften bemühen, den Gästen alle Wünsche von den Augen abzulesen.

Nein, er hat keine Lust auf Sterbebegleitung. Weil er keine Lust hat zu sterben.

Er macht mir Angst.

Es sind nicht seine Glatze oder sein Rollstuhl, die mir Angst machen. Nein, es ist nicht das, was mich von ihm unterscheidet. Was mir Angst macht, ist das, was wir gemeinsam haben.

Es macht mir Angst, dass er – den ich hier unter diesen Umständen kennen- und mögen gelernt habe – nur ein paar Wochen älter ist als ich.

Es macht mir Angst, dass seine Mutter fast die gleiche Jacke hat wie meine Mutter.

Es macht mir Angst, dass er hier und nicht irgendwo anders ist.

Es macht mir Angst, dass ich an seiner Stelle sein könnte.

Ja, das ist es. Genau das ist das Problem, das ich mit dem Tod insgeheim habe. Dass er mich auch eines Tages holen könnte. Und wird. Deshalb schaue ich nicht gern hin, wenn Menschen meines Alters sterben.

Es geht weniger um Mitleid – es geht um meine eigene Angst. Was bin ich eigentlich für eine egoistische Kuh? Ich stelle mich zwar immer wieder dumm, aber eigentlich weiß ich ganz genau, warum wir als Gesellschaft den Tod so gut es geht ausblenden. Ich selbst fange damit im Kleinen an.

Alles beginnt in meiner, in unserer eigenen Angst.

Schlaue Angst und dumme Angst

»Ich hab keine Angst, weil es nichts nützt.«

Diesen Satz habe ich mal in einem Lied gehört. Weil es nichts nützt. Stimmt eigentlich nicht. Manche Angst nützt schon etwas. Die Angst vor einem Bungeesprung haben wir zum Beispiel völlig zu Recht. Weil wir uns dabei verletzen könnten. Die Angst, uns mit Aids zu infizieren, hat einen tiefen Sinn. Die Angst achtet auf uns und unser Überleben, sie schützt uns manchmal. Kinder, die instinktiv Angst vor großen schwarzen Hunden haben, haben damit zunächst mal recht. Ein fremder Hund, der auch noch größer ist als man selbst, kann zu einem echten Problem werden. Ein Hoch auf die Angst also!

Die Angst kann uns von Gefahr fernhalten, uns bewahren. Sie zeigt uns manchmal etwas, was durchaus gut für uns sein kann. Die Angst ist eigentlich nicht nur schlecht.

Und doch gibt es eine Sache, vor der sie uns nicht schützen oder bewahren kann. Es gibt eine Stelle, an der sie ihren Sinn verliert. Und das ist und bleibt der Tod.

Die Angst vor dem Tod nützt uns auf lange Sicht tatsächlich nichts. Sie hat keinen Sinn. Sie kann nichts für uns tun. Weil sie uns – egal, wie groß sie ist oder wie viel Macht sie über uns hat – nicht schützen oder bewahren kann.

Der Tod wird zu uns allen kommen, ob wir ihn fürchten oder nicht. Wir denken, dass wir ihn in Schach halten können, weil wir Vorsorge kennen, weil wir Anschnallgurte und die Mammografie erfunden haben. Wir bilden uns eine gewisse Macht ein. Doch wir haben sie nicht.

Es ist bitter für uns, aber selbst der Erfinder des Anschnallgurtes ist mittlerweile beerdigt und begraben. Und alle seine Vorfahren auch.

Wir verhandeln mit dem Tod, wir springen ihm von der Schippe und schlagen ihm ein Schnippchen, und wir glauben dann, wir hätten gewonnen. Und ja: Wir können verlängern, wir können optimieren, hier und da auch die Qualität unseres Lebens verbessern. Ein erneutes Hoch auf Forschung, Medizin und Thalasso-Anwendungen!

Aber überlebt hat noch niemand. Niemand hat seinen eigenen Tod überlebt. Niemand.

Wie verfahre ich also mit meiner Angst?

Zunächst einmal schaue ich sie mir genau an. »Man muss den Feind kennen!«, hat mal irgendein schießwütiger Actionheld in einem Spielfilm gesagt – da hatte er einen lichten Moment.

Wie sieht sie aus der Nähe aus, meine Angst? Wie heißt sie mit Vornamen?

Dass ich – und ich glaube, damit nicht allein zu sein – ein Problem mit dem Loslassen habe, ist nicht neu. Loslassen tut weh. Es bringt mich zum Weinen und fühlt sich so furchtbar unmöglich an. Ich bin so schlecht darin und will auch nicht gut darin werden.

Loslassen stinkt. (Das wird die Aufschrift des nächsten Kühlschrankmagneten, den ich kaufe!)

Wo immer der Tod auftaucht, muss ich loslassen. Wenn andere sterben, muss ich sie loslassen. Wenn ich sterbe, muss ich die anderen auch loslassen. Sterben ist einsam. Spätestens am Waldrand lasse ich die Hand meiner Begleiter los und ich muss ihr Fehlen verkraften und sie meins. Ja, das Loslassen bleibt ein wesentlicher Bestandteil meiner Angst.

Ich habe auch Angst vor Schmerzen. Seelischen wie körperlichen. Ich weiß zwar um die guten Möglichkeiten der Palliativmedizin, ich weiß aber auch, dass selbst diese segensreiche Kunst ihre Grenzen hat. Ich weiß, dass man auch unter bester medizinischer Betreuung qualvoll sterben kann. Ich habe Patientengeschichten gehört, die mich um den Nachtschlaf gebracht haben. Unser Können ist Stückwerk – das ist eine nicht auszurottende Ernüchterung, die immer wieder auftaucht, wenn ich denke, dass wir doch heutzutage viel machen können. Nein, wir können am Ende des Tages weder das Leid noch den Tod besiegen. Ich habe Angst davor, Schmerzen zu haben. Ja, Schmerzen sind ein Gesicht meiner Angst.

»Macht ist etwas Schönes!« Wer diesen Satz nicht für mindestens einen Teilbereich seines Lebens unterschreiben würde, lügt meiner Meinung nach.

Ich selbst hielt mich sehr lange für nicht besonders machtverliebt. Ich bin nicht gerne Chefin, lieber laute Opposition. Ich muss nicht die Bestimmerin sein, ich halte mich für eine grundsolide Dienstleisterin. Eher Indianerin als Häuptling. Bestimmerinnen haben auch immer so einen gestressten Zug um den Mund und eine Stimme wie Ursula von der Leyen. Nein, so eine bin ich nicht und will ich auch nicht sein!

Ich glaube außerdem, dass ich recht gut darin bin, andere machen zu lassen, was sie wollen. Macht?! Brauche ich nicht! Eigentlich macht Macht unsexy. Das ist doch so 'ne Sucht für Diktatoren oder alte Männer in hohen Ämtern, die noch schlechter loslassen können als alle meine Hausfrauenfreundinnen und ich zusammen. Nee, Macht ist was für Profilneurotiker – an dieser Stelle habe ich kein Problem!

»Und wie ist es mit der Macht über dich selbst?«, fragt meine innere Nervensäge. »Ist dieses ewige Festhalten, das du so geil findest, nicht auch eine Form von Macht? MEIN Leben, MEIN Körper, MEINE geliebten Menschen?! Du willst wirklich überhaupt gar nicht bestimmen, wer wann wohin geht? Nein?!«

Na gut. Dann bin ich eben auch noch machtversessen!! Gibt es eigentlich auch mal irgendwas, in dem ich auf Anhieb gut sein kann?! Meine Güte! … jetzt hab ich schon wieder »Meine« gesagt – es ist zum Verrücktwerden!

Doch. Ich stelle fest und gebe zu: An mancher Stelle mag ich die Macht. Aber der Tod entmachtet mich. Über lang oder kurz holt er sich, was er haben will. Auch diejenigen, die ich für mich beanspruche. Auch MEINEN Körper. Meine Freunde.

Ich bin machtlos ihm gegenüber. Und darin bin ich wider Erwarten sogar noch schlechter als im Loslassen. Loslassen und Machtlosigkeit sind miteinander verwandt, denke ich. Es sind zwei hässliche Cousinen. Sie begünstigen und bedingen einander. Ich mag sie einfach nicht. Der Verlust von Kontrolle und Macht ist ein weiteres Gesicht meiner Angst.

So sieht sie also aus der Nähe aus. Die Angst. Die alte Feindin. Sie macht mich zur Idiotin, sie macht mit mir, was sie will. Sie kommt und geht, wie es ihr gefällt, sie kostümiert sich nach Lust und Laune. Sie ist eine echte Plage. Eine Domina, die man nicht bestellt hat.

Manchmal, wenn sie kurz mein Zimmer verlassen hat, um sich umzuziehen oder ihren neusten, grotesken Tanz einzuüben, manchmal gibt es sekundenlange Momente, in denen ich keine Angst habe. Weil es nichts nützt. Weil ich sowieso nichts an meiner Sterblichkeit ändern kann. Dann bin ich für Sekunden frei.

Aber dann sehe ich Alex. Ich sehe nicht seine Augen, er guckt ja woandershin. Aber ich sehe seine Hände, die zitternd die Zigarette halten. Und ich sehe seine Mutter, die so verzweifelt ist. Ich sehe seine Wangenknochen, die hervorstehen, weil er durch die Chemo so dünn geworden ist.

Ich sehe ihn und ich sehe meine Angst.

Und ich bin machtlos. Ich kann ihm nicht helfen.

Ich habe keine Kontrolle, ich kann nichts steuern.

Ich kann ihm nicht versprechen, dass alles wieder gut wird, und ich kann mir selbst nicht versprechen, dass mir so etwas nie passieren wird.

Ich bin machtlos gegen meine Angst.

Ich bin unheimlich schlecht darin, machtlos zu sein.

Der Gegenimpuls zum menschlichen Durchdrehen

Man entwickelt ja so seine ganz eigenen Gewohnheiten, wenn man Schwierigkeiten mit dem Einschlafen hat. Wenn bei mir gar nichts mehr hilft, hilft Peter Scholl-Latour. Nach zwanzig Minuten kasachischer Politikgeschichte bin ich in der Regel weg.

Aber heute hat auch das nichts genützt, und nachdem ich mich stundenlang im Bett herumgewälzt habe, bin ich barfuß in die Küche geschlichen und sitze jetzt wieder vor diesem Text. Die Angst hält mich wach.

»Hallo? Gott? Ist da jemand?«

Stille. Klar.

Mir antwortet nie jemand. Zumindest nicht wörtlich und mit »Liebe Johanna, …« und so. Aber wer nicht hören kann, kann ja vielleicht wenigstens lesen. Wenn man die Worte »Angst« und »Bibel« googelt, wird man im ersten Eintrag auf Jesaja 41,10 verwiesen.

»Fürchte dich nicht!«

Lass es einfach. Hör auf damit, Angst zu haben. So lautet Gottes Kommentar zu alledem. O Mann. Ich komme mit vielem, was mir die Bibel vorschlägt, schlecht klar. Ich verstehe auch vieles einfach nicht. Ich weiß nicht, wie ich es schaffen soll, mich nicht zu fürchten. Und wie immer bei Gottes Ansagen befürchte ich, zu scheitern, wenn ich sie nicht befolgen kann.

Gott sagt, dass ich mich nicht fürchten soll, aber ich tue es trotzdem. Ist das dann schon Ungehorsam? Zumindest ist es nicht richtig. Sonst hätte Gott ja gesagt, dass ich Angst haben soll.

Oder muss ich diese Ansage Gottes gar nicht direkt als Befehl auffassen? Als Anweisung, die ich mal lieber befolgen sollte, wenn ich nicht in die Hölle kommen will?

Ich entferne mich immer weiter von meinem Bild des drohenden Gottes. Ich glaube nicht mehr, dass Gott es nötig hat, zu drohen. Wahre Macht droht nicht. Das hat sie nicht nötig. Die Macht der Liebe, die ich anbete, offenbart sich in Jesus. Und den habe ich bisher auch noch nicht drohen hören. Der liebt eher.

Ich verstehe es zwar nicht in Gänze, aber fest steht: Ich höre dieses unerwartete »Fürchte dich nicht« nicht aus einem donnergrollenden Feuermund. Ich höre es leise – aber dafür immer wieder. Und ich höre es meistens dann, wenn es am deplatziertesten wirkt, nämlich dann, wenn ich mal wieder vor Angst erstarre.

Im Loslassen.

In der Machtlosigkeit.

Ich höre es da, wo es eigentlich nicht hingehört.

Vielleicht ist das so eine Art Übung. Vielleicht übt Gott mit mir, Gegenimpulse zu meinem menschlichen Durchdrehen zu setzen. Vielleicht ist sein »Fürchte dich nicht« eine Art Mantra, das er uns Menschen seit Jahrtausenden anbietet, damit wir nicht wahnsinnig werden.

Ich weiß nicht, wie es gehen soll, mich nicht zu fürchten, und ich werde es auch sicher in den nächsten Jahren nicht herausfinden. Aber wenn ich mir eine Begleitung aussuchen dürfte, die in Licht und Dunkelheit neben mir hergeht, dann wäre es sicher keine Begleitung, die die ganze Zeit »Auweia« murmelt. Wenn ich mir eine Begleitung aussuchen würde, dann wäre es die, die seit Jahrtausenden immer und immer wieder »Fürchte dich nicht« sagt.

Manche sagen, dass wir Christen unseren Gott, unseren Glauben und unsere Bibel brauchen, weil wir ansonsten nicht imstande wären, in dieser Welt und in diesem Leben klarzukommen.

Ich glaube, dass das stimmt.

18
Wenn und dann

Ich renne, krieche, tanze oder schleiche durch mein Leben. Ich gehe leise in Zimmer von Verstorbenen, ich tanze auf den Hochzeiten meiner Freunde, ich laufe im Stechschritt durch den Supermarkt. Immer weiter, immer weiter. Manchmal bin ich auch auf der Flucht oder breche aus.

In letzter Zeit denke ich aber immer öfter, dass das Leben doch insgesamt irgendwie ein Heimweg ist. Ein Heimweg auf Umwegen, manchmal auch auf Irrwegen. Keb' Mo' meint und singt ja, dass es mehr als den EINEN richtigen Weg gibt.

»There's more than one way home.«

Welche Straßen es auch sind, auf denen ich unterwegs bin – ich wünsche mir, meine Wege zufrieden und ohne größere Unfälle gehen zu können. Ich hoffe auf Weggefährten, die mir eine gute Gesellschaft sind. Die mir vielleicht auch mal ihren Arm leihen, wenn ich mich schwertue. Gute Gesellschaft, ein erstrebenswertes Ziel und leichtes Gepäck. Das wünsche ich mir und denen, die ich liebe, auch.

Aber wie kann ich diese Faktoren für mich optimal gestalten? Wie mache ich meine Lebensreise zu einer guten Reise?

Oder sind alle Weichen schon gestellt? Muss ich jetzt, nachdem ich geheiratet habe und die Kinderplanung so weit abgeschlossen ist, einfach nur noch warten, bis es vorbei ist?

Dafür, dass ich nun schon seit so vielen Jahren unterwegs bin, beginne ich relativ spät damit, meine Reise selbstbewusst zu gestalten. Aber vielleicht versteht man manches erst mit der Zeit.

Die Reisegruppe und das Poesiealbum

In guten Zeiten ist es nicht schwer, Freunde zu haben. Weiß ja jeder.

Wenn man erfolgreich ist, oben schwimmt, dabei gut aussieht und mehr Hilfe anbieten kann, als man selbst benötigt, läuft es in der Regel. Dann muss man sich um Gesellschaft eigentlich keine Sorgen machen. Erst, wenn es nicht mehr gut läuft, gewinnt das Thema der guten Gesellschaft an Brisanz.

Ich mache es kurz: Dass wahre Freundschaft nicht oberflächlich ist oder sein kann, ist keine neue oder irgendwie bahnbrechende Erkenntnis. »Gute Freunde erkennt man in schlechten Zeiten« steht in jedem gut sortierten Poesiealbum direkt hinter

»Rosen, Tulpen, Nelken,
alle Blumen welken –
blablabla, Vergissmeinnicht.
Alles Liebe, deine Mirjam«

Aber woher soll ich denn wissen, wie die Menschen, die ich kennenlerne, in der Krise performen? Freundschaften wachsen, wuchern oder welken doch einfach, wie sie wollen. Oder? Und was nützt mir die Erkenntnis, dass ich echte Freunde erst dann identifizieren kann, wenn die Fäkalie bereits dampft?

Ich kann mich vor Enttäuschung in Beziehungen eigentlich nicht wirklich schützen, oder? Wen nehme ich also mit auf meine Lebensreise? Auf wessen Gesellschaft lege ich Wert?

Der Gott, der immer »Fürchte dich nicht« sagt, muss auf jeden Fall mit! Das steht schon mal fest.

Aber mit welchen Menschen umgebe ich mich, wenn ich am Ende sagen will, dass meine Reise eine gute Reise war? Und inwieweit kann ich mir das überhaupt aussuchen?

Ich befürchte, dass die Wahrheit mal wieder unromantischer aussieht, als zunächst gehofft. Es ist doch eigentlich so: Den Menschen, der nicht das Potenzial in sich trägt, mich zu enttäuschen, müsste man erst noch bauen. Den gibt es nämlich nicht.

Ich selbst bin Teil einer großen, weltweiten Truppe von Enttäuschenden. Wir wirken erst mal nett und klug und lieb, vielleicht sehen wir auch gut aus oder sind schlau. Aber dann kommt irgendwann – früher oder später – der Moment, in dem wir versagen. Ganz sicher. Er kommt irgendwann.

Es ist vielleicht der Moment, in dem wir uns dagegen entscheiden, unseren Freund im Hospiz zu besuchen. Wir enttäuschen aus Angst.

Oder es könnte der Moment sein, in dem wir unserer Freundin eine kränkende Bemerkung zu ihrer neuen Frisur reindrücken, obwohl wir eigentlich finden, dass sie umwerfend aussieht. Wir enttäuschen, weil wir uns selbst nicht leiden können.

Es kann auch der Moment sein, in dem wir unseren Freunden per SMS mitteilen, dass wir nicht beim Umzug helfen können, obwohl wir eigentlich einfach keine Lust haben. Wir enttäuschen aus Faulheit.

Wie wir es auch lösen: Wir schaffen es über kurz oder lang sehr zuverlässig, unsere Umwelt zu enttäuschen. Wir alle ausnahmslos.

Es gibt also keine richtig »gute Gesellschaft« für unsere Reise. Zumindest nicht in menschlicher Gestalt. Oder? Woher soll ich wissen, wie die Menschen, die ich so kennenlerne, in der Krise performen? Die Antwort lautet: gar nicht.

Ich kann und ich werde es nicht wissen.

Schlimmer noch: Ich darf damit rechnen, enttäuscht zu werden. Der Klub der Enttäuschenden arbeitet stets zuverlässig.

Jeder Schritt, den unser Herz ehrlich und pur auf ein anderes Herz zugeht, birgt ein Risiko. Das Risiko, nicht geliebt zu werden. Das Risiko, enttäuscht und verletzt zu werden.

Es ist noch nicht lange her, dass ich mir vorgenommen habe, mein Herz nie und für niemanden mehr (schon gar nicht für Christen!) zu öffnen oder zur Diskussion zu stellen. Da war irgendwann eine Enttäuschung zu viel passiert. Ich war einmal zu oft gestolpert. Ich hatte genug erlebt. Meinte ich.

Schnell musste ich aber feststellen, dass man so nicht in der Lage ist, zu leben. Es funktioniert einfach nicht ohne Herz, ohne Soul und ohne Gefühl. Zumindest nicht für mich.

Es war und ist mir unmöglich, so zu leben. Es mag zwar auch ein bisschen nach Poesiealbum klingen, aber ich stelle fest: ohne Risiko und ohne Enttäuschung kein Leben. Ohne Kontakt kein Sein. Die Liebe kann nicht atmen ohne die Gemeinschaft.

Was soll das ganze Geschreibe, Gesinge und Gerede, wenn niemand da ist, der es liest oder hört? Warum aus Liebe Blumen besorgen, wenn niemand da ist, der sich darüber freuen kann? Umarmen kann man sich nicht selbst. Zumindest nicht so richtig. Die Liebe braucht das Gegenüber. Das dachte sich Gott wohl auch, als er aus lauter Liebe die Welt gemacht hat … Die Farbe Lila zum Beispiel wurde von Gott erfunden, damit sie von uns angeschaut werden kann. Und es ist nicht gut, dass der Mensch allein sei. So enttäuschend oder enttäuscht wir auch oft sind – wir müssen, wir wollen und wir sollen gesehen werden.

Ohne Gruppe keine Reise.

Meine Damen und Herren, liebe Enttäuschende: Es ist mir eine Ehre, Teil Ihrer illustren Reisegruppe zu sein!

Das Ziel und Benedict Cumberbatch

Mal angenommen, die Truppe meiner Mitreisenden wäre versammelt. In all ihrer Verschiedenheit, Schönheit und Unperfektion. Meine Reisegruppe ist vollständig. Sie verliert täglich einige Mitglieder, andere werden neu hineingeboren, die Zahl stimmt, obwohl sie sich ständig ändert.

Wo will ich hin? Wohin soll mein Weg mich führen und was könnten meine »Ziele auf der Route« sein? Was hab ich vor? Und ist es irgendwie wichtig, was die anderen dazu meinen?

Ein gutes Ziel ist sehr viel wert. Ich weiß das, weil ich dazu Studien an meinem eigenen Ehemann durchgeführt habe. Ohne sein Wissen, versteht sich.

Es ist von mir persönlich erwiesen, dass man(n) deutlich besser durch einen anstrengenden Arbeitstag kommt, wenn der Feierabend attraktiv ausgestaltet ist. Wenn ich meinem Mann zum Beispiel die neueste Staffel »Sherlock« und selbst gemachte Lasagne in Aussicht stelle, kommt er mit deutlich besserer Laune durch eine zähe Sitzung als bei der Ansage »Doku über Israel & vegetarischer Couscous-Auflauf«.

An dieser Stelle danke ich Benedict Cumberbatch (für diverses) und meinem Mann dafür, dass er meine nie endenden Lebensexperimente so geduldig erduldet und mitträgt. Was sicher nicht immer unanstrengend ist.

Ein Ziel muss also her. Ein paar Ziele habe ich mit mehr Glück als Verstand bereits erreicht. Ich bin erfolgreich verheiratet, habe zwei Kinder und einen Beruf, der mich erfüllt und finanziell absichert.

Also fertig so weit? Nächste Station dann das himmlische Jerusalem?

Ich freue mich auf den Himmel oder wie man dieses große Woauchimmer nennen möchte, in dem ich irgendwann auf Gott zu treffen hoffe. Ja, ich habe manchmal regelrechtes Heimweh nach diesem Ort oder diesem Zustand. Das heißt aber nicht, dass dieses (eher übergeordnete und hoffentlich langfristige) Ziel das einzig übrige sein dürfte. Nein, es wäre mir zu einfach, alles Gute und Erstrebenswerte aufs Jenseits zu vertagen.

Ich kann meine Ziele noch nicht in Gänze ausformulieren. Ich weiß nicht genau, was es hier noch zu tun gibt für mich. Aber ich kann zumindest beginnen, darüber nachzudenken.

Ich werde in Bälde (hoffentlich) mein Buch fertiggestellt haben. Dann werde ich mich wieder mehr um meine Familie und meinen Job kümmern. Mein Beruf ist wichtig für mich und seine weitere Ausübung ist sicher auch ein Ziel, das ich anstrebe.

Ich möchte meiner internationalen Reisegruppe eine gute Mitreisende sein. Ja, das wäre ein Ziel, das etwas wert wäre. Aber wie genau? Wie macht man das?

Im Hospiz Kaffee in die Raucherecke bringen, ist vielleicht ein Anfang. Vielleicht gibt es noch mehr Orte, an denen ich am richtigen Platz sein kann, wer weiß …

Was noch kommt, wo ich noch nützlich sein könnte, weiß ich im Moment ehrlich noch nicht. Vielleicht nach der nächsten Kurve oder nach der nächsten Nummer von John Scofield.

Ich weiß noch nicht, was kommt. Aber ich ahne etwas: Ein richtig gutes Ziel hat eigentlich nicht viel mit »Haben« zu tun. Eher mit »Sein«.

Das Gepäck und das Loslassen

Womit ich beim dritten wichtigen Faktor meiner Lebensreise angekommen wäre. Nämlich meinem Gepäck.

Was schleppt man nicht alles mit sich herum. Allein der Inhalt meiner Handtasche besteht aus mehr Dingen, als ich auswendig aufzählen könnte. Ich habe keinen Überblick über jedes einzelne Teil, das sich in meinem Haushalt befindet. Ich besitze mehr Gegenstände, als ich sauber halten kann. Absurd eigentlich.

Und ich wurde ernsthaft neidisch auf meine Kollegin, als diese mir kürzlich erzählte, wie sie immer dafür Sorge trägt, dass sie nie mehr besitzt, als sie in den Kofferraum ihres Autos laden könnte. Im Fall der Fälle. Falls man mal schnell auf eine Hallig umziehen möchte. Was meiner Meinung nach nicht immer der abwegigste Gedanke ist.

Ich glaube, dass sie Möbel wie Bett und Kleiderschrank dabei nicht mitzählt. Zumal sie einen Ford Fiesta fährt.

Wie auch immer das nun ist mit ihrem Schrank und ihrem Auto und der Hallig: Sie reist mit leichtem Gepäck und das kann mich tatsächlich neidisch werden lassen.

Ich war zwar auch lange der Meinung, dass ich mit Neid nicht viel am Heft habe – aber ich gewinne zunehmend den Eindruck, dass ich auch relativ viel dummes Zeug denke. Während ich früher auf bestimmte Gesangsjobs, Lederjacken oder Oberschenkel neidisch werden konnte, sind es heute eher innere Haltungen, die mich grün werden lassen. Leichtigkeit zum Beispiel.

Je erwachsener wir werden, desto erwachsener werden auch unsere Abgründe. Nicht erwachsener im Sinne von schlauer oder besser. Sondern im Sinne von größer und komplizierter.

Ja, ich wünsche mir, mit leichtem Gepäck zu reisen. Seelisch wie physisch.

Aber wie oft fühle ich mich träge und schwer?! Wie oft schon habe ich »Brauchen« mit »Wollen« verwechselt? Wie oft sage ich »meine«, »meiner« oder »meins«?

Kann ich mich mit dem Loslassen anfreunden, wenn es mir Leichtigkeit bescheren würde? Und wenn ich nichts mitnehmen könnte in das Zuhause, in das ich gehe, wenn ich am Ziel und auf den letzten Metern durch den Wald nichts mehr bräuchte?

Dann würde es mir leichterfallen, auf dem Weg dorthin Dinge, Gefühle und Besitz loszulassen. Unnützes würde ich am Wegesrand liegen lassen. Das, was anderen den Weg erleichtert, das könnten und das sollten sie mitnehmen. Wenn ich am Ende noch nicht mal das behalten würde, was in mein Sterbezimmer passt, dann wären mir das Besitzen und das Haben plötzlich weniger wichtig. Dann würde ich mich fragen, ob mein Weg ein guter Weg war. Dann wäre das »Sein« und das »Gewesensein« wichtiger als das Haben und das Festhalten und die Macht.

Und wenn ich am Ende das Gute in meiner Gesellschaft sehen konnte, dann war ich in guter Gesellschaft.

Und wenn ich ein Ziel hatte, von dem wir alle etwas hatten, dann war es ein gutes Ziel.

Und wenn ich mein Haben geteilt habe, dann bin ich mit leichtem Gepäck gereist.

Und wenn es am Ende einfach mein Weg war, dann war es ein guter Weg.

Julia und das Tanztheater

Wenn man etwas Schräges plant (wie zum Beispiel ein Buch über den Tod zu schreiben oder sich total wirre Inszenierungen im Tanztheater anzuschauen), ist es gut, Freundinnen wie Julia »die Bewertungsfreie« Quiring zu haben.

Ohne bisher auch nur eine Zeile vom Buch gelesen zu haben, befürwortet sie seit Beginn meiner Schreiberei dieses Projekt immer wieder und lauthals. Ganz einfach deshalb, weil sie mich genau beobachtet und sieht, dass es mir guttut, meine Gedanken und Gefühle aufzuschreiben.

Beobachtet und befürwortet werden tut gut. Und Sätze wie: »Ich setz' mich jetzt mal neben mich und schau mir selbst ein bisschen zu!«, muss man zwischendurch einfach immer und immer wieder mal hören.

Danke, Schwester!

19
Leben ist das neue Sterben

> »Denn wer da meint, ein Menschenleben müsse ein Schreiten von Erfolg zu Erfolg sein, der gleicht wohl einem Toren, der kopfschüttelnd an einer Baustelle steht und sich wundert, dass da in die Tiefe gegraben wird, da doch ein Dom entstehen soll. Gott baut sich einen Tempel aus jeder Menschenseele.«[2]

Eine Frau wie ein Dom. Ja, das war sie.

Nicht so groß wie ein Dom, eher klein und zierlich. Nicht so laut wie ein Dom, wenn er sein Geläut anstimmt. Nein, sie war leise. Ihre Stimme eine helle, leise Melodie. Man musste genau hinhören, wenn man sie verstehen wollte. Nein, sie sah wirklich nicht so aus, wie man sich einen Dom vorstellen würde. Aber ihre Fundamente, die waren stark. Und sie gingen tief. Ja, es wurde sehr, sehr tief gegraben in ihrer Seele.

Die Kinder waren noch nicht ganz fertig mit der Schule, halbwüchsig wie man so sagt. Sie hätte wohl noch so einiges vorgehabt mit ihnen. Ihr Mann war sehr angenehm anzuschauen – ich konnte mir die Ehe der beiden sehr gut vorstellen und ich stellte sie mir schön vor.

Sie selbst irgendwo in der Mitte der Vierziger. Belesen und gebildet, eine tolle Gesprächspartnerin. Im Beruf war es bisher gut gelaufen für sie, ja, das konnte ich mir ebenfalls sehr gut vorstellen.

Was ich mir aber beim besten Willen nicht vorstellen konnte, war, wie dieser etwa pflaumengroße Ball Platz in ihrem Kopf haben sollte. Der Krebs hatte sich unmittelbar an ihrem Gehirn breitgemacht. Man hatte alles versucht, der Kampf war verloren. Unvorstellbar. Unfassbar und unbegreiflich – wie der bevorstehende Tod nun mal ist.

Sie war die Erste, die bei uns im Hospiz Champagner und Kaviar zum Frühstück wünschte. Und sie war die Erste, die beides serviert bekam.

Wir servieren keine »Vollwert-, Roh- oder Diätkost«, wie man es aus dem Krankenhaus kennt. Nein, bei uns gibt es »Wunschkost«! Der Gast wünscht – wir bemühen uns als Team, die Wünsche zu erfüllen. Wir können das Leid trotzdem nicht abschaffen, aber wir können Champagner besorgen, wenn es gewünscht wird.

So auch für Madame Champagner.

Ihr Leben, oder das, was der Krebs davon übrig gelassen hat, würde bald zu Ende sein. Ihre Kinder würden ihren Weg ohne die Mutter finden müssen. Ihr Mann würde neben seiner Trauer auch ein neues Maß an Verantwortung aufgeladen bekommen.

Sie selbst konnte nur hoffen, dass ihr Ende ohne Qualen vonstattengehen würde.

Der Satz

Sie war nicht die Erste, von der ich diesen Satz gehört habe. Aber sie war die Erste, der ich ihn geglaubt habe.

»Das Leben ist wunderbar!«, sagte sie. Und das nicht nur einmal.

Sie sagte ihn oft, diesen verrückten kleinen Satz.

Sie sagte ihn leise, aber ohne Zittern in der Stimme.

Sie sagte ihn strahlend, ohne Bitterkeit oder Zynismus.

Sie sagte ihn mehrmals, immer wieder. Sie sprach ihn uns allen zu.

Während sie vor unseren Augen und unter unseren Händen starb, lehrte sie uns, wie man lebt. Und wenn ich an sie denke, dann denke ich, dass Leben und Sterben eigentlich dasselbe sind.

Die Kunst des Lebens endet erst dann, wenn wir mit dem Sterben fertig sind. Und unser tägliches bisschen Sterben wird erst dann enden, wenn unser Leben endet. Auch das Sterben ist eine Zeit im Leben. Und wenn sie doch beide irgendwie nur zusammen funktionieren, dann ist Leben vielleicht das neue Sterben.

Wir tun beides in jedem Moment, und zwar so lange, bis wir am Waldrand angekommen sind. Dort endet das Sterben, wenn es stimmt, was ich hoffe.

Ab dann wird nur noch gelebt.

Einladung

Wir können nicht bestimmen, wo, in welchem Körper und mit welchem Charakter wir zur Welt kommen. Wir werden ja noch nicht einmal gefragt, ob wir überhaupt geboren werden wollen. Auch unser Ende können wir nur in sehr begrenztem Rahmen und auf ethisch teilweise vermintem Gebiet selbst bestimmen.

Es gibt so vieles, was wir nicht beeinflussen können. Dass uns dieser Umstand die Kontrollsucht in die Knochen treibt, verstehe ich immer besser. Wir wären so gern unsere eigenen Chefs – aber irgendwie schaffen wir es noch nicht einmal über den Azubi-Status hinaus.

Doch bei dieser ganzen Machtlosigkeit und dem ständigen Sorgen um uns selbst vergessen wir oft eins: dass es eine große, sehr starke Entscheidung gibt, die allein in unserer Hand liegt. Eine der größten Entscheidungen mit absoluter Tragweite können wir – und NUR wir – treffen.

Wir können, wir dürfen uns für das Leben als etwas Gutes entscheiden! Wir dürfen den Satz »Das Leben ist wunderbar!« sagen. Wir dürfen das natürlich auch bleiben lassen: Entscheidung ist Entscheidung und muss auch negativ ausfallen dürfen.

Aber die weise und stille Madame Champagner hatte sich dafür entschieden. Sie hat diesen Satz für sich und für uns alle gesagt. In den Wochen ihres Todes. Sie wirkte dabei nicht verrückt auf mich, im Gegenteil.

Sie würde bald sterben.

Aber noch lebte sie.

Ich werde sterben. Ihr auch.

Aber noch lebe ich. Und ihr, falls ihr das hier lest, auch.

Ich grinse mit feuchten Augen, während ich tippe.

Meine Damen und Herren, liebe Mitreisende, wir leben noch!

Lasst uns das feiern! Mit merkwürdigen Tänzen und stillem Lächeln. Mit großen Barbecues, E-Gitarren und DVD-Abenden. Lasst uns uns selbst und das, was wir tun, nicht so ernst nehmen. Lasst uns Gedichte rezitieren. Zur Not auch falsch. Lasst uns Tränen lachen oder weinen. Mittelmäßig sein. Uns so viele Zacken aus der Krone brechen, wie es nur geht. Lasst uns einander Gutes zusprechen. Und uns selbst auch.

Und lasst uns einander zwischendurch immer mal wieder in die Augen schauen und »Ach ja!« sagen, bevor wir uns umarmen.

Ich fange an.

Wer will, macht mit.

20
Angekommen. Oder doch nicht.

Jedes Mal wenn ich ein Kapitel zu meiner eigenen Zufriedenheit beendet habe, denke ich, dass ich jetzt aber wirklich alles gesagt habe. Dass alledem nichts hinzuzufügen ist. Fertig. Der Weisheit letzter Schluss. Buch zu Ende.

Nach jedem Kapitel ging es mir so. Sogar schon nach den ersten ... Aber noch während ich mich frage, wie ich dem Verlag ein derart kurzes Manuskript unterjubeln soll, lebe und erlebe ich weiter. Und ich stelle mir wieder neue Fragen. Oder die alten – unter verändertem Blickwinkel – noch einmal.

Immer wieder halte ich mich für schlau. Schlauer als vorher. Angekommen.

Und immer, wenn ich es mir auf meinem neu errungenen Standpunkt so richtig schön bequem machen möchte, merke ich über kurz oder lang, dass ich noch weiter muss. Dass das noch nicht alles war. Dass es mich wieder lockt und zieht und ruft. Die Fragen hören nie auf.

Wenn sie es je für immer täten, wüsste ich, dass ich angekommen bin. Und das werde ich – wenn meine Hoffnungen stimmen – erst nach meinem Tod sein.

Hermann Hesse hat in seinem Gedicht »Stufen« eigentlich alles in wenigen Worten auf den Punkt gebracht, wofür ich ein ganzes Buch zu brauchen scheine. Ich habe dieses Gedicht vor einiger Zeit für mich selbst per Hand abgeschrieben, es eingerahmt und in meinem Zuhause aufgestellt. Dort sehe und lese ich es täglich und merke, dass es immer wieder andere Stellen sind, die mich zum Nachdenken anregen.

Die Passage des Gedichtes, die mich momentan am meisten beschäftigt, ist folgende:

»Kaum sind wir heimisch in einem Lebenskreise
und traulich eingewohnt, so droht Erschlaffen.
Nur wer bereit zu Aufbruch ist und Reise,
mag lähmender Gewöhnung sich entraffen.«

O ja. Ich raffe und entraffe! Ich will und ich kann mich nicht gewöhnen! Nicht an den Tod und das Leid, nicht an mein Gottesbild. Ich will mich nicht daran gewöhnen, mit offenen Fragen zu leben. Aber vielleicht muss ich es eines Tages lernen. Ob ich will oder nicht. Vielleicht muss ich nicht alles verstehen. Und vielleicht ist man nicht dumm, wenn man sich das ab und zu selbst vergegenwärtigt …

Es bleibt ein Suchen, es bleibt ein Reisen. Okay, ich hab's verstanden. Womit ich ja im Prinzip fertig wäre, oder? So. Aber dieses Mal ganz sicher: Das war's! Meine Damen und Herren, Sie lasen der Weisheit letzten Schluss! Ich bin fertig – rien ne va plus. Was zu wissen ist, weiß ich. Gute Nacht, liebes Gehirn.

Angekommen.

Oder?

»Es wird vielleicht auch noch die Todesstunde
uns neuen Räumen jung entgegen senden.
Des Lebens Ruf an uns wird niemals enden.«

Hat er gerade »niemals« gesagt?!
Hat er.
Ach, Hermann.

»Wohlan denn, Herz, nimm Abschied und gesunde!«

21
Vom Ein- und Ausatmen

»Wohlan denn, Herz, nimm Abschied und gesunde.«
Hermann Hesse

Begreifen

Dass das Kind gestorben war, wurde zu Beginn des fünften Schwangerschaftsmonats bei einer Routineuntersuchung festgestellt.

Seit mehreren Wochen schon war ihre Schwangerschaft offiziell. Sie hatte sich für das große Weihnachtskonzert vor zwei Wochen ein neues Kleid gekauft, das ihr winzig kleines Bäuchlein bewusst betonen sollte. Sie war glücklich und alle sollten es sehen.

Ihr Körper ist ihr bis heute ein guter Freund. In diesen Wochen hatte er treu die Schwangerschaft aufrechterhalten. Keine Blutung, keine Krämpfe oder Schmerzen. Eine »vergessene Fehlgeburt« nannte ihr Arzt diesen Vorgang.

Sie hat alles richtig gemacht. In Trance und aus Versehen. Die große Tochter nach Hause gebracht, von dort ihren Mann informiert. Am nächsten Tag Krankenhaus. Kürettage klingt schöner als Ausschabung.

Um ihren Körper zu schonen, wurden am Abend vor dem Eingriff künstliche Wehen eingeleitet. Alle waren sehr freundlich zu ihr.

Die Angebote, etwas zur Beruhigung oder zum Schlafen oder gegen den Wehenschmerz zu nehmen, lehnte sie zunächst ab. Sie wollte dabei sein. Mitkriegen, was passiert. Sie musste die Situation begreifen. So hat sie aus Versehen den Grundstein zu ihrer eigenen psychischen Gesundung gelegt.

Man soll jede Wehe willkommen heißen. Das wusste sie noch vom letzten Mal. Als ihre älteste Tochter zur Welt kam. Man wird in der Geburtsvorbereitung auf Loslassen unter Schmerzen trainiert. Vielleicht wird deshalb in einigen Kulturen die Geburt zur Verwandten des Todes erklärt. Schmerzhaftes Loslassen.

Sie hat sich mutig und nüchtern der Geburt gestellt. Zumindest so lange, bis sie für sich alles geklärt hatte.

Sie hat in dieser Nacht ihrem Großvater die Erziehung ihres Kindes anvertraut. Ihre Großmutter ist den beiden mittlerweile Gott sei Dank nachgereist – nicht auszudenken, was es sonst zu essen geben würde … Und sie verlässt sich darauf, dass sie alle sich dort im großen Woauchimmer schon finden werden. Sie verlässt sich darauf, weil ihr nichts anderes übrig bleibt.

»In dein Erbarmen hülle mein schwaches Herz.
Und mach es gänzlich stille in Freud und Schmerz.
Lass ruhn zu deinen Füßen dein armes Kind.
Es will die Augen schließen und glauben blind.«

Die Essenz ihres Glaubens hat sie in ihr Krankenhauszimmer hineingesungen in dieser Nacht. Der große Showdown.

Als sie für den Moment alles geregelt hatte kopf- und herzensintern, als alles gesungen, besprochen, beweint und verabschiedet war, hat sie das Angebot der Schwestern angenommen und sich per Spritze auf den Mars schießen lassen.

Dort hat sie geschlafen wie ein Baby.

Der Weg

Der Weg war lang. Er dauerte insgesamt etwa vier Jahre. Der Weg war lang und er war qualvoll.

Sie ging mit Angst ins Bett und sie wachte mit Angst auf.

Über eine lange Zeit hätte sie nicht sagen können, dass es so war. Weil es ihr nicht bewusst wurde. Aber ihr Konsum an Magentabletten und die dritte im Schlaf kaputt gebissene Anti-Zähne-Knirsch-Schiene sprachen eigentlich eine relativ deutliche Sprache.

Es dauerte einige Monate, bis ihr klar wurde, dass sie sich nicht in Friedenszeiten befand. Dass irgendetwas nicht ganz rundlief. Dass die Leichtigkeit verschwunden war. Dass sie entschieden zu oft zu schreckliche Befürchtungen wegen der banalsten Dinge hatte.

Sie könne sich doch Hilfe holen, hatte man gesagt. Es gäbe Menschen, die sich mit so was auskennen. Aber das kam nicht infrage.

»Nicht der Rede wert« sei das alles. Das war ihre Antwort an guten Tagen.

Dass niemand erlebt habe, was sie erlebt hatte, und deshalb überhaupt niemand eine Ahnung habe, worum es ging – das schrie sie an schlechteren Tagen mit sich überschlagender Stimme. Und wenn sie mit Schreien fertig war, konnte sie manchmal weinen. Wenn sie Glück hatte. Das waren seltene und kostbare Erlösungsmomente. Denn in ihr waren mehr Tränen, als sie hätte sagen können. Und in ihr war mehr Angst, als sie sich einzugestehen wagte.

Sie dachte eigentlich immer wieder, dass sie genug Rotwein getrunken hätte, um in den Schlaf zu finden. Aber egal, was sie versuchte, sie schaffte den Absprung ins Nimmerland einfach nicht. Es war trotz Heizdecke zu kalt.

Sie konnte nicht aufhören, über Banalitäten zu grübeln. Um sich die Zeit bis zum Morgen zu vertreiben, hörte sie viel Musik in dieser Zeit.

Kurz nachdem es geschehen war, hatte der Arzt ihr Valiumtabletten verschrieben, damit sie die Nächte gut überstehen würde. Aber das war ihr zu hart. Sie war doch kein Fall für Beruhigungsmittel! Um so krasse Medikamente zu nehmen, ging es ihr doch glücklicherweise immer noch zu gut. Fand sie.

Die Kälte kam spät. Sie fand sich nach etwa drei Jahren ein. Sie dachte zuerst, sie würde krank. Aber als nach zwei Wochen weder eine Erkältung noch die Wärme wieder angekommen waren, ahnte sie, dass die Kälte aus ihrem Inneren kam.

Sie hatte gerade ihren Job verloren und staunte fast ein bisschen darüber, wie sehr ihr der Ärger darüber zuzusetzen schien. So toll war die Arbeit doch nun eigentlich gar nicht gewesen.

Mit der Wärme ging auch der Appetit irgendwann. Wenn sie zum Essen bei ihren Freunden eingeladen war, brachten diese ihr eine Decke an den Tisch und schnitten das medium gegarte Filetsteak in winzige Häppchen, damit sie wenigstens probieren konnte.

Besonders dankbar war sie ihnen dafür, dass sie so taten, als sei all das komplett normal.

Die Tränen kamen etwas später als die Kälte. Sie kamen mit Macht. Und sie brachten Linderung. Sie hatte eigentlich überhaupt nicht mehr mit ihnen gerechnet. Schon gar nicht in diesen Mengen.

Die Tränen kamen, sobald sie allein war. Sie kamen bei Countryballaden, bei Werbespots, im Auto, im Kino (selbst bei Tarantino-Filmen), vor Freude, bei der kleinsten emotionalen Berührung.

Die Tränen waren ihr eine Belohnung für alles Vorangegangene. Weil sie nicht bitter waren. Sondern mildernd. Sie wurde wieder weich. Etwas in ihr taute langsam auf. Und sie konnte wieder freier atmen, als sie es sich vorher hätte vorstellen können. Und da waren Menschen, die sie nicht komisch, sondern überrascht und liebevoll anschauten, wenn sie plötzlich weinen musste. Und die sie dann wortlos in den Arm nahmen.

Noch ein wenig später – mit dem Zorn – kam die Energie zu ihr zurück. Sie hätte Bäume ausreißen können und wäre am liebsten den ganzen Tag »Warum?« schreiend durch Kirchen und Gemeindehäuser gelaufen. Weil man ihr dort gesagt hatte, dass man sich die Frage nach dem »Warum« nicht stellen dürfe.

Mit dem Zorn kam auch ein kleines bisschen Mut zu ihr zurück. Sie wollte den Kampf mit der Angst aufnehmen. Sie wollte die Macht über sich selbst nicht mehr der Furcht überlassen. Und so begann sie zu fragen. Trotzig und destruktiv. Frech, böse und dumm. Wieso, weshalb, warum? Wer nicht fragt, bleibt ängstlich. Und wer nicht antworten kann, ist weise.

Und da waren Menschen, die sie in ihrem Trotz und in ihrer Wut sein ließen, die sie respektierten und die sie ernst nahmen.

Da waren Menschen, die sich dieselben Fragen schon lange vor ihr gestellt hatten.

Es gab sogar Menschen, die ein paar wenige, sehr leise Antworten kannten.

Mein Weg

Sie ist ich. Ich bin sie.

Ich bin es also auch, die heute auf den Weg zurückschaut und ihre bisherigen Erkenntnisse benennen kann.

Ich werde nie die Namen der Menschen vergessen, die mir – als erste Nichtfamilienmitglieder – Grüße ins Krankenhaus schickten. Ich werde immer die SMS meiner Freundin im Kopf haben, die versprach, dass wir es uns schön machen würden bei unserem nächsten gemeinsamen Studiojob, der in Kürze bevorstand. Und die gelobte, mir schnellstmöglich Zigaretten zu besorgen.

Die Leute, die uns sofort nach meiner Heimkehr zum Kaffee einluden und sich getraut haben zu fragen, wie es mir geht, werde ich immer sofort benennen können. Die Freunde, bei denen ich einfach wie auch immer drauf sein durfte, ohne mich erklären zu müssen, sind mir bis heute lieb und teuer. Sie alle erklärten mir in Gesten, mit Mut und Natürlichkeit meine persönliche Essenz von Freundschaft.

Ich habe nach etwa drei Jahren wieder anfangen können, darüber zu sprechen. Es gab Menschen in meinem Umfeld, die das angehört und ausgehalten haben. Die nicht weggeschaut haben, wenn ich die Tränen nicht mehr halten konnte. Ich habe erst dann gemerkt, wie traurig ich in der Zeit zuvor war. Währenddessen hätte ich das nie zugeben können, weil es mir selbst nicht klar war.

Ich war drei Jahre lang mit Ein- und Ausatmen beschäftigt.

Während des Atmens war ich ehrenamtlich tätig, habe gesungen und gelacht. Eine neue Schwangerschaft und glückliche Geburt erlebt. Getanzt, gelebt und gefeiert. Aber irgendein Teil meines Herzens war auf Stand-by geschaltet in dieser ganzen Zeit. War eingefroren oder taub oder irgendwas dazwischen.

Und auf einmal, nach langer Zeit, fing etwas in mir an zu tauen. Zu schmelzen und weich zu werden. Ich war überrascht. So, wie man doch jedes Mal aufs Neue von der Farbenpracht des Frühlings und der Macht des Sonnenlichts überrascht ist. So, wie ein Musikstück doch schon seit mehr als sechzehn Takten funktioniert hat, aber eigentlich erst ab dem Moment Sinn ergibt, in dem der Bass einsetzt.

Nach etwa drei Jahren habe ich wieder das Weinen gelernt. Und heute bin ich bei Werbespots, im Kino und bei Countryballaden sehr gut im Training. Gott sei Dank für locker sitzende Tränen!

Laut Lehrbuch wäre das vielleicht ein verzögerter Trauerprozess. Das Abkoppeln der eigenen Gefühle. Eine Art Schock als Selbstschutz. Vermutlich bedingt durch den Anfangsschreck.

Im Nachhinein war das sicher gut so. Ich konnte auf diese Art weiter in meinem Alltag bleiben, mich um meine Familie kümmern. Alles ging seinen Gang und ich bin gar nicht böse darüber. Ich hätte zu dieser Zeit und in dieser Situation überhaupt keinen Kanal gewusst, in den ich größere Trauermengen hätte leiten können.

Schwarz tragen, ein symbolisches Grab besuchen, öffentlich trauern? War für mich irgendwie nicht dran. Glücklicherweise gibt es da kein Richtig und Falsch.

Ich weiß nicht, ob es eine schwarzmalerische Annahme ist, aber ich denke, dass ich mir die Frage hätte anhören müssen, um wen genau ich eigentlich so sehr trauere. »Ach, kennst du nicht …«, wäre die einzig richtige Antwort gewesen. Aber auch diese Worte hätten mir damals gefehlt. Es fehlten mir überhaupt alle Worte.

Was eine andere Person an meiner Stelle getan hätte, würde sicher von meinem persönlichen Weg abweichen. Aber das fällt insgesamt in den spekulativen Bereich und ist demnach unwichtig.

Ich konnte nichts anderes als ein- und ausatmen. Und das habe ich gemacht.

Heute schaue ich auf diese Zeit zurück und denke, dass alles richtig gelaufen ist. Nicht die Fehlgeburt – ich weigere mich bis heute, dem Leid an und für sich irgendwelche pädagogischen oder gutartigen Eigenschaften zuzusprechen. Aber der Weg durch die Katastrophe und schließlich hinaus war für mich rückblickend stimmig und heilsam.

Nach bisherigem Kenntnisstand würde ich sagen: Was tatsächlich für mich wichtig war, war eine Mischung aus blindem Vertrauen, mich anderen zumuten zu dürfen, und atmen. So ging es irgendwie mit dem Abschied und dem langsamen, dem sehr langsamen Gesunden.

Es ging nicht gut, aber es ging.

Es war nicht schön, aber es war.

Und dann, eines Tages, als ich wieder munter genug war, stand ich auf, schmiss meine Krone in den Müll und machte mich auf den Weg ins Hospiz.

Meinem Todfeind entgegen.

22
Nach Hause

Das ist sie also, meine kleine Geschichte.

Sie gehört mir, ich darf mit ihr machen, was ich will. Und ich glaube, dass das Aufschreiben nicht die schlechteste Wahl war.

Ich weiß nicht, ob das Buch, das sie in ein paar Wochen mit diesen Worten bedrucken werden, irgendetwas in dieser Welt verändern wird. Ich glaube es nicht und ich sage das ehrlich ohne Gram.

Meine Geschichte ist klein und leise. Ich habe sie bis jetzt nur mit einer Handvoll Lektoren geteilt und mir die Zeit zum Aufschreiben im Alltag gestohlen. Morgens ganz früh oder abends ganz spät habe ich geschrieben. Wenn die Kinder schliefen und auch sonst nichts weiter zu tun war. Ich habe es der Geschichte bisher nicht erlaubt, einen großen Platz einzunehmen. Ganz einfach deshalb, weil sie nicht größer oder spannender ist als das, was viele meiner Mitmenschen jeden Tag erleben. Ich bin für die Menschen, die dieses Buch kaufen sollen, zunächst eine von vielen Stimmen, die ständig und überall auf uns einreden. Nicht mehr. Das ist mir bewusst und auch eigentlich gut so.

Der Morgen kommt immer wieder von allein.

Die Erde dreht sich weiter, solange es Gott Spaß macht.

Die Vögel singen und machen ihr Ding, genau wie der Mond und die Gezeiten.

Gott sei Dank für diese unumstößlichen Grundsätzlichkeiten!

»Richtig« ist oft klein und leise.

Und eins der vielen Staubkörner im All, die wir Menschen nun mal sind – geliebte und Gott bestens bekannte Staubkörner, aber eben doch nicht größer –, eins dieser Staubkörner wird vielleicht an einem Februarmorgen wach und merkt beim Zähneputzen, dass sich das Herz irgendwie weicher anfühlt als gestern noch. Wenn meine Reise in die Angst dazu beitragen konnte, dass das irgendwann und irgendwo geschieht, dann hat sie sich gelohnt.

Vielleicht passiert das noch nicht morgen. Aber vielleicht übermorgen oder in zweieinhalb oder sechsundzwanzig Jahren. Wer weiß.

Und wenn sich eine oder einer aus meiner hochgeschätzten Reisegruppe in Bälde traut, einen Traurigen zu fragen, wie es ihm wirklich geht oder ihm kommentarlos sein Steak klein schneidet oder einfach fragt, ob er Lust auf einen Kaffee hat, dann hat es sich ebenfalls gelohnt.

Und wenn gar nichts passiert und meine kleine Geschichte in Vergessenheit gerät, dann hat es sich auch gelohnt, sie zu erzählen.

Für mich und gegen meine Angst.

Geborgenheitsvorrat

Um das Ende dieses Buches zu schreiben, bin ich in meinen allerliebsten Urlaubsort an der Nordsee gefahren. Wenn ich an dieses unscheinbare kleine Dorf direkt am Weltnaturerbe Wattenmeer denke, bekomme ich kein Fernweh – das ist absolut lupenreines Heimweh! Ich habe hier jeden Sommer verbracht, seit ich denken kann.

Mit dabei waren in jedem Jahr Teile meiner riesengroßen Verwandtschaft und der Bibellesebund. Hier haben wir Kinder die Kinderstunde der »Strandmission« besucht, die sich bei Wind und Wetter getroffen hat. Wenn wir mit Blick auf das Meer und die Ostfriesischen Inseln das Lied »Mein Gott ist so groß, so stark und so mächtig« gesungen haben, dann konnte ich das allein wegen der Kulisse schon glauben.

Beim »Familiensingen« abends auf dem Deich habe ich meinen persönlichen Geborgenheitsvorrat anlegen können, von dem ich bis heute zehre. Die Männer trugen damals, Mitte der Achtziger, Vollbärte und rauchten Pfeife. Die Frauen hatten, speziell in dieser Abendrunde, entweder Gitarren, Akkordeons oder schlafende Kinder auf dem Schoß – und so wurde dann viel- und mehrstimmig in den Sonnenuntergang gesungen.

Und dann, in diesem Moment, war einfach alles komplett in Ordnung.

Selbst die unmusikalischsten Typen haben sich spätestens beim Schlusston getraut, eine Bassfunktion zu brummen. Und ich bin heute glücklich und auch ein bisschen stolz, ganz im Erbe der Frauen meiner Familie zu so ziemlich allem eine Altstimme zustande zu kriegen.

Meine Eltern waren damals in meinem Alter und standen vor ähnlichen Fragen wie ich heute. Die Zeit hat nicht angehalten, und heute bete ich insgeheim darum, dass meine Töchter es schaffen werden, mit meiner Hilfe oder vielleicht auch trotz meiner Erziehung ihren persönlichen Geborgenheitsvorrat anzulegen.

Ja, es tut mir gut, mich am Ende meiner Reise mit etwas zu umgeben, das größer, älter und unveränderbarer ist, als meine Gedanken, Erkenntnisse und Sorgen es sind. Unbeirrbare Beständigkeit kann guttun, wenn man selbst manchmal befürchtet, irre zu werden. Viele von uns kennen Zeiten, in denen wir Angst um unseren eigenen Verstand haben müssen. Ein ruhiger Gegenpuls wie der der Gezeiten wirkt auf mich immer wieder erdend und relativierend.

Wie soll ich nur diesen Tag überstehen?

... Flut um 12.34 Uhr

Warum komme ich nicht zur Ruhe?

... Ebbe um 18.45 Uhr

Ich war hier als Baby, als Kind, als Teenager. Mit meinen Mädels, in den Flitterwochen, schwanger oder stillend, mit meiner eigenen Familie. Diese Landschaft begleitet mich. Schon mein ganzes Leben lang.

Jetzt und heute bin ich zum ersten Mal allein hier oben. Ganz allein, mit einem unfertigen Buch im Computer. Und es tut mir gut zu sehen, dass es der Flut einfach komplett egal ist, was ich hier veranstalte und wie ich mich dabei anstelle. Sie hat sich bisher weder von meinem Liebeskummer noch von meinen Heiratsplänen oder meinen schriftstellerischen Bestrebungen beeindrucken lassen. Ich habe es bis heute noch nie geschafft, sie aus der Fassung zu bringen.

Auch nicht, indem ich versucht habe, mich den vermeintlich großen Lebensfragen entgegenzuwerfen.

Ich bin noch immer keine Sterbeexpertin – das kann man wohl erst dann sein, wenn man selbst gestorben ist, und dann ist das mit dem Bücherschreiben so eine Sache.

Auch in Sachen Trauer bin ich sicher keine Koryphäe und ich möchte mich weder als Wort- noch als Schriftführerin der Traurigen sehen.

Nein, ich bin weder eine Sterbe- noch eine Gottexpertin.

Ich verstehe Gott am Ende meiner Reise in die Angst noch immer nicht. Ich glaube mittlerweile aber auch nicht mehr, dass ich das soll.

Was ich dafür glaube, ist, dass der Erfinder von Ebbe und Flut etwas über Beständigkeit weiß. Dass sein Wesen naturgewaltig und mächtig, aber dabei zuverlässig und treu ist. Er kommt uns manchmal nicht so zu Hilfe, wie wir es ersehnen und erflehen. Nein, das tut er einfach nicht. Das ist und bleibt wohl ein Problem für uns alle.

Aber ich glaube hier und heute, dass es Gott war, der in uns den Reflex angelegt hat, weiter ein- und auszuatmen. Ich glaube, er hat uns Mitmenschen zur Seite gestellt, die uns begleiten können. Im Lachen, im Trauern und im dunklen Wald des Sterbens.

Ich glaube, wenn er von uns spricht, dann ist er die Liebe, und er spricht sein »Trotzdem« und sein »Weil« über uns allen aus. Und im Dunklen flüstert er uns immer und immer wieder »Fürchte dich nicht« ins Ohr, aber er ist nicht sauer, wenn wir trotzdem Angst haben.

Ja, daran glaube ich.

Und er zeigt mir persönlich in Ebbe und in Flut schon mein ganzes Leben lang, dass ich nicht der Nabel der Welt sein muss. Dass ich unwichtig sein und mich in der Urgewalt seiner Schöpfung und in ihrer Zuverlässigkeit bergen darf. Ich glaube, dass er es ist, der den Wind vor meinem Fenster in diesem Moment mit Stärke sieben wehen lässt. Die Flut kommt gerade rein, der Wind treibt sie vor sich her. Der Wind, der von der See kommt, ist mir der liebste.

Und ich denke, dass es jetzt an mir ist, den Computer auszuschalten, meine warme, blaue Lieblingsjacke anzuziehen und meine Reise zu beenden.

Das Ende

Ich gehe nach Hause. Noch nicht für immer, aber für den Moment.

Ich gehe jetzt nach Hause in die Welt da draußen, die mich und dich so dringend nötig hat. Ich gehe in die Welt, die von Gott geschaffen wurde, um von mir gesehen zu werden.

Ich gehe nach Hause in den Wind, der meinen Kopf jetzt sauber pusten darf, nachdem so viele Worte gedacht und geschrieben sind.

Ich gehe jetzt nach Hause zu den Menschen. Zu meinen verehrten und geschätzten Mitreisenden. Einige von ihnen werden gleich mit mir auf dem Deich stehen und mich vielleicht ein kleines bisschen wunderlich finden. Ich stelle mich in ihre Mitte, begrüße den Wind mit offenen Armen und lasse los. Ob ich dabei weinen oder leise kichern werde, weiß ich noch nicht, und es ist mir auch egal. Ich lasse meine Gedanken los und meine Grübeleien.

Ich gehe jetzt nach Hause in mein Leben. Ich werde meinen Weg, alles bisher Erlebte und alle meine Begegnungen heute Abend im besten Restaurant der Stadt mit einem Filet vom Deichlamm auf Linsengemüse und einem Viertel Merlot feiern. Ich werde ungeschminkt und pur zu dieser kleinen Privatfeier gehen. Mit der Frisur, die der Wind mir auf dem Weg übern Deich gerne verpassen möchte.

Ich gehe jetzt nach Hause in Gottes führende Hand.

Und irgendwann, an einem unscheinbaren Tag vielleicht, gehe ich endgültig nach Hause.

Wenn es stimmt, was ich vermute, dann gibt es einen Platz für mich.

Wenn es stimmt, was ich vermute, dann wird es Lichter geben, die mir nach meinem letzten Atemzug den Weg zeigen.

Wenn es stimmt, was ich vermute, dann gibt es ein Leben nach – aber auch ein Leben vor dem Tod.

Ich entlasse diesen Text jetzt in die Freiheit, ich verabschiede ihn feierlich.

Ich binde ihn los von meinem Herzen, er darf fliegen und irgendwann ankommen, wo er will.

Meine Damen und Herren, liebe Sterbende …

Geht in Frieden.

Das meine ich ernst.

Quellennachweis

1 Alle drei Zitate aus »Trauer-Gesichter« von Marie-Luise Bödiker/Monika Theobald, erschienen bei Der Hospiz-Verlag
2 V. Frankl, »Das Leiden am sinnlosen Leben – Psychotherapie für heute«, Freiburg, Herder 2013